Sepp Brandl

Spezialführer

Skitouren

zwischen Zell am See und Kühtai

60 schöne Tagestouren

BLV Verlagsgesellschaft
München Wien Zürich

CIP-Titelaufnahme der Deutschen Bibliothek

Brandl, Sepp:
Skitouren zwischen Zell am See und Kühtai:
60 schöne Tagestouren / Sepp Brandl. –
München; Wien; Zürich:
BLV Verlagsgesellschaft, 1988
(Spezialführer)
ISBN 3-405-13554-0

Bildnachweis:
Sämtliche Bilder dieses Spezialführers stammen von Sepp Brandl.

Kartenskizzen: Hellmut Hoffmann

Titelbild: Sepp Brandl

Die Erarbeitung dieses Werkes erfolgte nach bestem Wissen und Gewissen des Autors. Die Begehung und Befahrung der hier vorgestellten Touren geschieht auf eigene Gefahr. Eine Haftung durch den Verlag bzw. den Autor wird nicht übernommen.

Lektorat: Marianne Faiss-Heilmannseder

Satz und Druck: Appl, Wemding
Bindung: Auer, Donauwörth

Printed in Germany
ISBN 3-405-13554-0

Inhalt

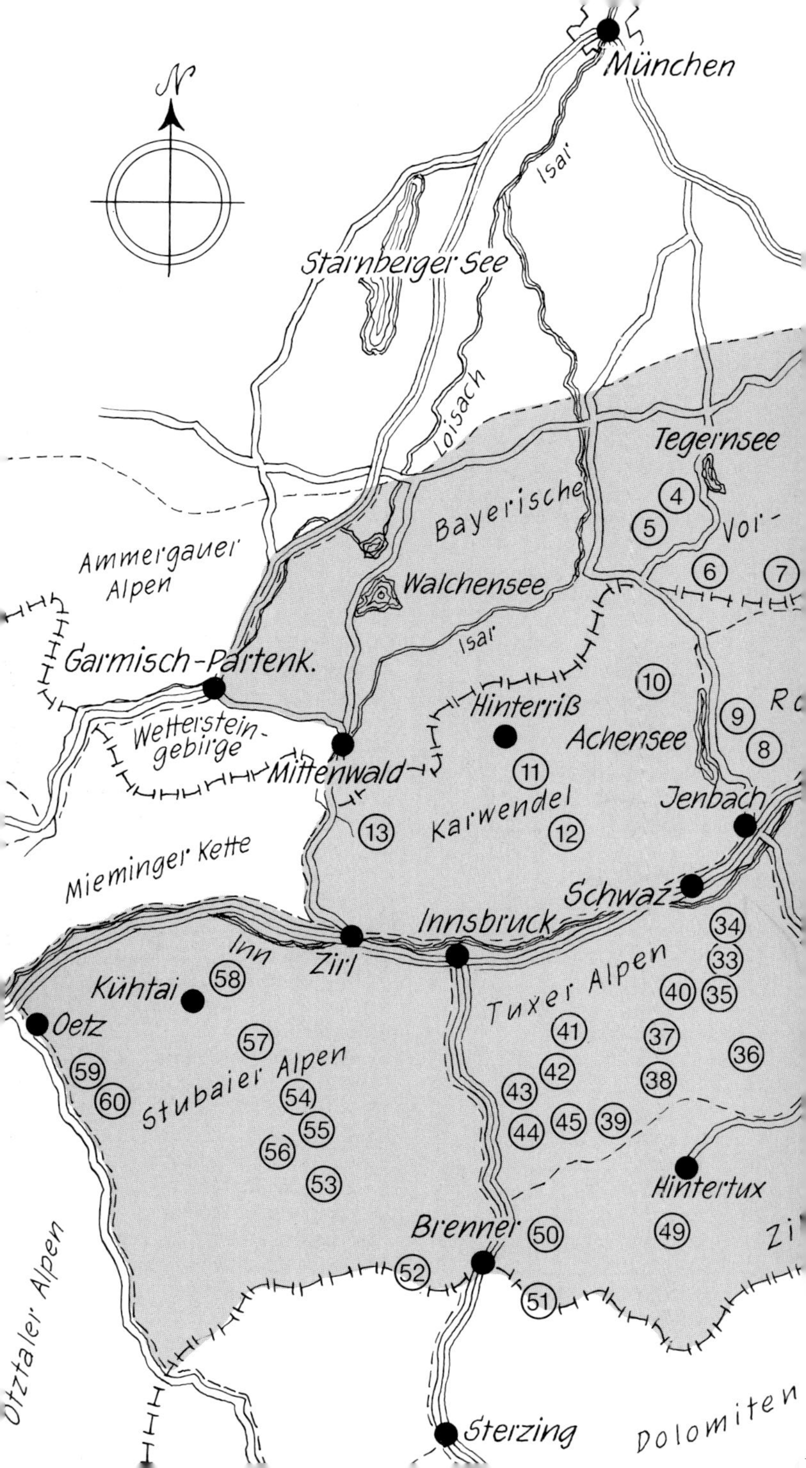
N
München
Isar
Starnberger See
Loisach
Tegernsee
Bayerische
Vor-
Ammergauer Alpen
Walchensee
Isar
Garmisch-Partenk.
Hinterriß
Achensee
Wetterstein-gebirge
Mittenwald
Karwendel
Jenbach
Mieminger Kette
Schwaz
Innsbruck
Inn
Zirl
Kühtai
Tuxer Alpen
Oetz
Stubaier Alpen
Hintertux
Brenner
Ötztaler Alpen
Sterzing
Dolomiten
4
5
6
7
10
9
8
11
12
13
34
33
40
35
41
37
36
42
38
43
45
39
44
54
55
56
53
57
58
59
60
50
49
52
51

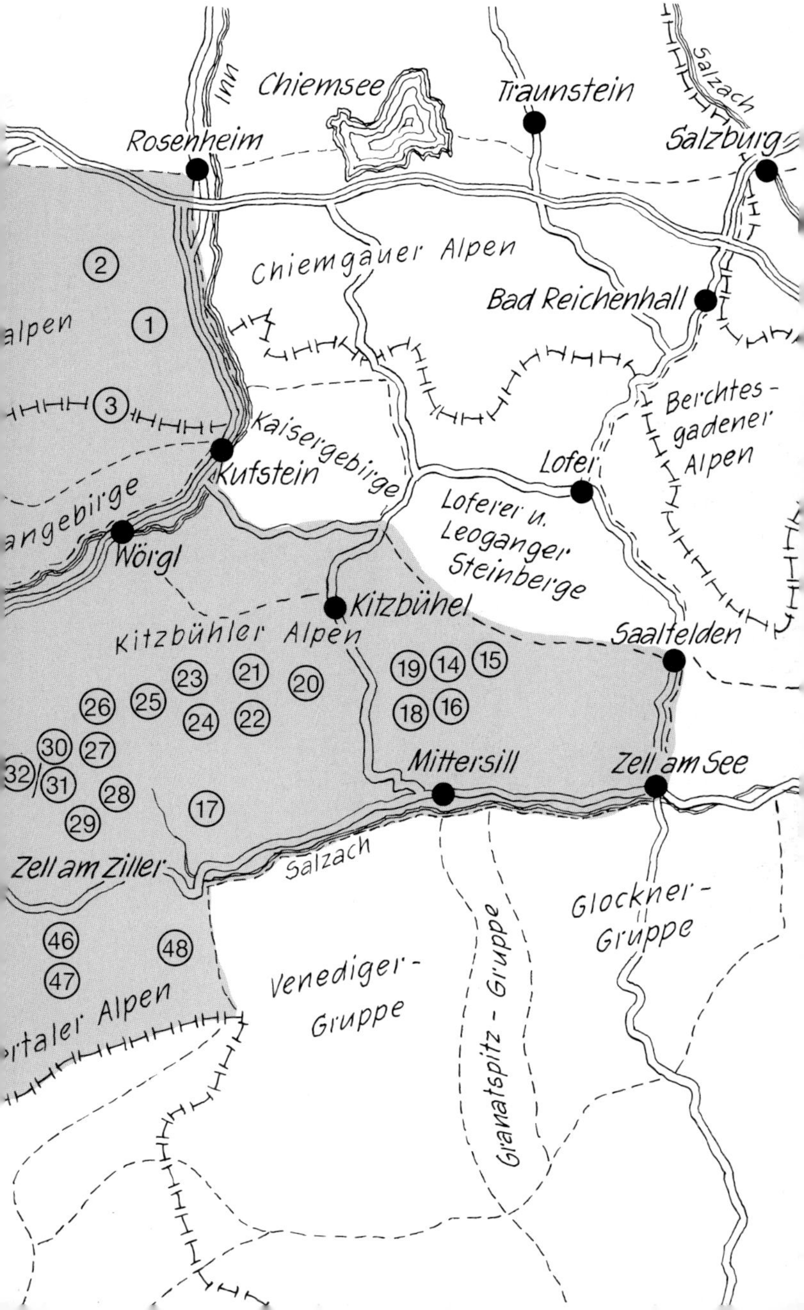

Inn
Chiemsee
Traunstein
Salzach
Rosenheim
Salzburg
Chiemgauer Alpen
Bad Reichenhall
alpen
Berchtes-gadener Alpen
Kaisergebirge
Kufstein
Lofer
Loferer u. Leoganger Steinberge
angebirge
Wörgl
Kitzbühel
Kitzbühler Alpen
Saalfelden
Mittersill
Zell am See
Zell am Ziller
Salzach
Glockner-Gruppe
Venediger-Gruppe
Granatspitz-Gruppe
rtaler Alpen
1
2
3
14
15
16
17
18
19
20
21
22
23
24
25
26
27
28
29
30
31
32
46
47
48

Einführung

Der vorliegende Spezialführer stellt eine Auswahl von beliebten und lohnenden, doch auch eine Reihe von weniger bekannten Skitouren vor. Das Tourengebiet erstreckt sich von Zell am See bis Kühtai und von Kufstein bis Scharnitz. Es umfaßt nach der neuen Einteilung der Ostalpen (AVE) sieben Gebirgsgruppen nördlich des Alpenhauptkammes: Bayerische Voralpen, Brandenberger Alpen (Rofan), Karwendelgebirge, Kitzbüheler, Tuxer, Zillertaler und Stubaier Alpen.
Der zeitliche Rahmen des Tourenangebots reicht vom Frühwinter (etwa Dezember) bis zum späten Frühjahr (etwa Ende Mai). Der Führer beinhaltet ausschließlich Tagestouren, also Unternehmungen, die ein geübter Tourenskiläufer ohne Hüttenaufenthalt durchführen kann. Die Angebotspalette bietet eine ganze Reihe leichter, überwiegend aber mittelschwere und ein paar recht anspruchsvolle Touren an. Soweit Gletschertouren dabei sind, wurde darauf geachtet, daß sich beim Routenvorschlag die Spaltengefahr in Grenzen hält.
Besonderes Augenmerk wurde vor allem auch im Hinblick auf das Anliegen des Natur- und Umweltschutzes auf eine genaue Darstellung des Routenverlaufes in Wort und Bild gelegt. Dieser ist in die Bilder eingezeichnet; darüber hinaus wurden wichtige oder typische Geländepunkte wie die Ecken von geometrischen Figuren im Bild und Text festgehalten.
Trotz der detailierten Darstellung der Skirouten ist es unerläßlich, in die Tourenplanung auch die Wetterlage und Jahreszeit, die Schneeverhältnisse und Lawinengefahr, Ausgangshöhe und Höhe des Tourenzieles und anderes mehr einzubeziehen. Vor allem aber muß man unterwegs kritisch die Augen offenhalten, um zu einem erfahrenen, verantwortungsbewußten und erfolgreichen Tourengeher zu reifen.
Allen, die jahrelang die winterlichen Unternehmungen des Autors mit viel Verständnis und Geduld begleitet und die Arbeit an diesem Skitourenführer ermöglicht haben, sei an dieser Stelle herzlich gedankt.
Möge dieser Skiführer ein nützlicher und hilfreicher Begleiter sein und viel Freude auf dem Weg durch die winterliche Bergwelt schenken!

Sepp Brandl

Anstieg zum Ochsenkopf in den Kitzbüheler Alpen. Erfolgreiches Tourengehen setzt einen langen Lernprozeß voraus.

Tourenübersicht

Lfd. Nr.	Gebirgsgruppe Tourenziel(e)	Höhe des Zieles	Ausgangs-höhe
	Bayerische Voralpen		
1	Wildalpjoch	1720 m	1000 m
2	Breitenstein	1622 m	800 m
3	Trainsjoch	1708 m	840 m
4	Hirschberg ohne Lift	1688 m	770 m
	mit Lift		
5	Rund um die Rauhalm	1621 m	826 m
	nur Seekarkreuz	1601 m	826 m
6	Schildenstein	1611 m	826 m
7	Schinderkar	1809 m	900 m
	Brandenberger Alpen/Rofangebirge		
8	Rofanspitze	2259 m	1830 m
9	Stuhljöchl	2157 m	936 m
	Karwendelgebirge		
10	(Achenseer) Hochplatte	1815 m	890 m
11	Rappenklammspitze	1835 m	944 m
12	Hochglückscharte	2387 m	1218 m
13	Pleisenspitze	2567 m	964 m
	Kitzbüheler Alpen		
14	Staffkogel	2115 m	1160 m
15	Sonnspitze	2062 m	1160 m
16	Schusterkogel	2208 m	1160 m
17	Gernkogel	2267 m	1260 m
18	Kuhkaser	2054 m	967 m
19	Großer Schütz	2069 m	900 m
20	Schwarzkogel	2030 m	1014 m
21	Brechhorn	2031 m	1006 m
22	Tanzkogel	2097 m	1006 m
23	Lodron	1901 m	810 m
	Hartkaserkopf	1680 m	810 m
24	Gerstinger Joch NWG	2011 m	889 m
25	Feldalpenhorn	1920 m	938 m
26	Lämpersberg	2202 m	938 m
27	Großer Beil	2309 m	1181 m
28	Sonnenjoch	2287 m	1220 m
29	Torhelm	2494 m	1220 m
30	Schatzberg	1902 m	1005 m
31	Joel	1964 m	1005 m
32	Großer Galtenberg	2424 m	1005 m

Anstieg		Abfahrt		Geeignete Monate	Schwierigkeit	Lawinengefahr	Seite
in Hm	in Std.	in Hm	Richtg.				
700	2	700	S	XII–**III**	1	erhöht	28
800	2	800	N+W	I–III	1	gering	30
850	2	850	S+**NW**	XII–III	1	mittel	32
900	3	900	**O**+S	XII–III	1	gering	34
500	1½						
1250	5 (7)	1250	SO+O +N	XII–III	2	erhöht	37
800	3	800	SO	XII–III	1	mittel	
800	2½	800	N+W	XII–III	1–2	gering	40
900	2½	750	**N**+NO	IV–V	2	erhöht	42
450	1½	1650	S	II–III	↑1 ↓2	erhöht	44
1200	3	1200	SW+ NW	I–III	2	mittel	48
900	2½	900	N+**O**	XII–III	1	gering	50
900	2½	850	SO+O	I–III	2	mittel	52
1150	3	1150	N	IV–V	2	erhöht	54
1600	5	1600	SW+S	I–IV	2	mittel	56
950	2½	950	S	XII–IV	2	mittel	58
900	2½	850	**SO**+S	XII–IV	1–2	mittel	58
1050	3	1050	O	XII–IV	2	mittel	62
1000	2½	1200	**O**+S	XII–III	1	gering	64
1100	3	1100	N+W	XII–III	2	mittel	66
1150	3	1150	NW+**W**	XII–III	2	mittel	68
1000	2½	1000	NW	XII–III	1–2	gering	70
1050	2½	1050	O+NO	XII–III	2	mittel	72
1100	3½	1100	O+NO	XII–III	2	mittel	74
1100	3	1100	NO	XII–III	2	gering	76
850	2½	850	O	XII–III	1	gering	76
1100	3	1100	W	XII–III	2	gering	78
1000	2½	1000	W+NW	XII–III	1	gering	80
1250	3	1250	NO	XII–IV	2	mittel	82
1150	3½	1150	S+O+N	I–IV	2	mittel	84
1100	3	1100	O+**SO**	II–IV	2	mittel	86
1250	4	1250	NO	XII–IV	2	erhöht	88
900	2	900	SW	XII–III	1	gering	90
1100	3	1100	W	XII–III	2	mittel	90
1400	4	1100	W+N oder NO	I–IV	2	mittel	94

Lfd. Nr.	Gebirgsgruppe Tourenziel(e)	Höhe des Zieles	Ausgangs-höhe
	Tuxer Alpen		
33	Sonntagsköpfl	2244 m	1675 m
34	Kuhmesser	2264 m	1675 m
35	Gilfert	2506 m	1283 m
36	Rastkogel	2762 m	1650 m
37	Hirzer	2725 m	1351 m
38	Grafennsspitze (Krovenz)	2619 m	1410 m
	Hippold	2643 m	1410 m
39	Geier	2857 m	2019 m
	Lizumer Reckner	2886 m	2019 m
40	Wildofen	2553 m	1100 m
41	Haneburger	2596 m	1104 m
42	Malgrübler	2749 m	1104 m
43	Seeköpfl	2717 m	1400 m
	Grünbergspitze	2790 m	1400 m
	Rosenjoch	2796 m	1400 m
44	Grafmartspitze	2720 m	1540 m
45	Naviser Sonnenspitze	2620 m	1540 m
	Zillertaler Alpen		
46	Torhelm	2452 m	1191 m
47	Seespitz	2350 m	1191 m
48	Wildkarspitze (Gerlos-Route)	3076 m	1687 m
	(Finkau-Route)		1420 m
49	Hoher Riffler	3228 m	2610 m
50	Vennspitze	2390 m	1570 m
51	Wolfendorn	2775 m	1360 m
	Stubaier Alpen		
52	Grubenkopf	2337 m	1400 m
53	Ruderhofspitze	3473 m	1720 m
54	Zischgeles	3005 m	1692 m
55	Lisenser Fernerkogel	3299 m	1636 m
	Lisenser Spitze	3230 m	1636 m
56	Längentaler Weißer Kogel	3218 m	1636 m
57	Zwieselbacher Roßkogel	3082 m	1650 m
58	Rietzer Grieskogel	2884 m	1900 m
59	Hochreichkopf	3008 m	1535 m
60	Hohe Wasserfalle	3002 m	1535 m

Anstieg		Abfahrt		Geeignete Monate	Schwierigkeit	Lawinengefahr	Seite
in Hm	in Std.	in Hm	Richtg.				
700	2	700	N	XII–V	1	gering	98
600	1½	600	SW	IV-V	↑1 ↓2	erhöht	100
1200	3	1200	SW	I–IV	2	mittel	102
1100	3	1100	S	I–IV	2	mittel	104
1400	3½	1350	W + NW	I–IV	2	mittel	106
1200	3	1200	W	XII–IV	2	mittel	108
1250	3	1250	W	XII–IV	2	mittel	108
850	2	1450	NO + N	I–V	1	mittel	110
900	2½	1450	NO + N	I–V	2	mittel	110
1450	4	1450	N + NW oder NO	I–IV	2	gering mittel	112
1500	4½	1450	NW	I–IV	2	gering	116
1650	5	1650	NW	I–IV	2	gering	116
1300	3½	1300	W	I–IV	2	mittel	118
1400	4	1400	W	I–IV	2	mittel	118
1400	4	1400	W	I–IV	2	mittel	118
1200	3	1200	S	I–IV	2	mittel	122
1100	3	1100	S	III–IV	2	erhöht	124
1200	3	1200	O + N	I–IV	2	mittel	126
1100	3	1100	O + N	I–IV	2	gering	126
1400	4½	1300	NW	IV–V	3	erhöht	128
1650	5	ca. 1200	NW + W	V	3	mittel	
650	2	1750	**N** + W	III–V	2	mittel	131
800	2	800	NW	XII–IV	1	gering	134
1400	3½	1400	S + W	III–V	2	erhöht	136
950	2½	950	N	XII–IV	1	gering	138
1750	4½	1750	S	III–V	3	erhöht	140
1300	3½	1250	N + NO	II–V	2	mittel	142
1650	4½	1550	O + **N**	IV–V	2–3	erhöht	144
1600	4½	1500	N	IV–V	2	erhöht	144
1600	4½	1600	O + N	III–V	2	mittel	148
1450	4½	1450	NO + **N** + W	I–V	2	mittel	150
1000	2½	900	S + SW	III–V	1–2	mittel	152
1450	4½	1350	**O** + SO + SW	III–V	2	mittel	154
1450	4½	1350	**O** + NO + SO	IV–V	2–3	erhöht	155

Die richtige Tourenwahl

Wer in den Genuß schöner Skitouren kommen will – und dazu zählt das landschaftliche Erlebnis ebenso wie die Abfahrt –, der muß flexibel sein. Er darf oder sollte sich nicht auf eine bestimmte Tour festlegen, sondern mehrere mit unterschiedlicher Hangneigung und nach Möglichkeit in weiterer geografischer Streuung parat haben. So kann er sogar bei der Anreise noch umdisponieren, wenn äußere Umstände dies geraten erscheinen lassen.

Entscheidend sind:

- ☐ Großwetterlage und Wetterlage im vorgesehenen Tourengebiet,
- ☐ Lawinengefahr und Schneeverhältnisse,
- ☐ Temperaturen am Berg und Windverhältnisse,
- ☐ Sicht, Ausgangshöhe, Länge der Tour,
- ☐ Monat, Hangrichtung, zeitiger Aufbruch im Frühjahr u. a. mehr

Wer diese Überlegungen in seine Tourenplanung einzubeziehen versteht, kann sich manche Enttäuschung ersparen, doch auch er kommt um gelegentliche »Nieten« nicht herum.

Hier einige Tips:

- ☐ Ein erfolgreicher Tourengeher ist auch ein guter Wetterbeobachter, und dies nicht nur am Tag der Tour. Entscheidend ist oft die Wetterentwicklung der Vortage, aus der sich wertvolle Rückschlüsse ziehen lassen. Wetter-, Schnee- und Lawinenlageberichte im Rundfunk und Fernsehen sind für ihn wichtige Entscheidungshilfen.
- ☐ Sehr hilfreich sind für den Skitouristen die Wetterberichte am Morgen der Tour, z. B. »Ö 1« und »Ö 3« um 6 Uhr und 6.30 Uhr mit den Wetterwerten aus Salzburg und Innsbruck von 5 Uhr bzw. 6 Uhr. In »Bayern 1« erhält er nach den 7-Uhr-Nachrichten die Wetterwerte von der Zugspitze und vom Wendelstein mit dem Wetterzustand um 6.30 Uhr.
- ☐ Bei extrem niedrigen Temperaturen sollte man nicht gerade eine Hochtour wählen, sondern sich mit Skibergen bis 2000 m begnügen.
- ☐ An Föhntagen fegt oft ein heftiger Sturm über Kämme und Grate; zudem besteht für den Alpenhauptkamm die Gefahr, daß er von einer Föhnwalze überlagert ist. Längere Kammwanderungen sind dann nicht ideal.
- ☐ Wenn die Sonne den Schnee auf der Südseite erstmals »erwischt« hat, kann in schattseitigen Lagen noch herrlichster Pulverschnee anzutreffen sein. Umgekehrt kann man auf der Sonnenseite bereits besten Firn antreffen, während in den Nordflanken »kranker« Schnee liegt.

Bis man die Feinheiten halbwegs beherrscht, geht ein langer Lernprozeß voraus. Im Grunde genommen lernt man nie aus.

Schwierigkeitsbewertung

Der vorliegende Spezialführer nimmt eine Schwierigkeitsbewertung jeder einzelnen Tour vor; dies haben auch bisher schon verschiedene Autoren gemacht. Es wird von vielen Skitouristen geschätzt, ist aber aus verschiedenen Gründen problematisch. Bis heute gibt es keinen einheitlichen Bewertungsmaßstab. Wie zum Hohn muß sogar ein (der) entscheidende(r) Faktor, der Schnee, bei der Beurteilung ausgeklammert werden. Die Auseinandersetzung mit diesem wechselhaften Element gehört aber zu jeder(!) Skitour.
Bei der Schwierigkeitsbewertung wurden die physische Belastung beim Anstieg, die technischen Schwierigkeiten bei Anstieg und Abfahrt unter Berücksichtigung des Geländes und objektiver Gefahren u.ä. einbezogen.
Die hier vorgestellten Skitouren sind in drei Schwierigkeitsstufen (1 bis 3 mit Zwischenbewertung) eingeteilt. Die Bewertungsskala soll nach oben offen sein, sie hat mit UIAA- oder Alpenskala beim Klettern *nichts* zu tun! Auch aus diesem Grund wurden die Schwierigkeitsstufen mit arabischen Ziffern bezeichnet. Die drei Stufen werden wie folgt beschrieben:

[1] ≙ **»Leichte« Skitour**
Anstieg: Die Anstiegshöhe beträgt maximal 1000 Höhenmeter (Hm), keine Gletschertour, Orientierung bei normalen Sichtverhältnissen einfach, kaum Spitzkehren zur Überwindung des Geländes erforderlich, für Anfänger und zum Eingehen geeignet, vielfach sog. Halbtagestouren. Anstiegszeit bis 2½ Stunden.
Abfahrt: Überwiegend mäßig geneigte Hänge, höchstens kurze Steilstufen, gestuftes Gelände und längere Flachstücke möglich, keine ernsthaften Hindernisse.

[2] ≙ **»Mittelschwere« Skitour**
Anstieg: Die Anstiegshöhe beträgt gewöhnlich bis zu 1500 Hm, auch Gletschertour; leichter, felsiger Gipfelaufbau möglich, Spitzkehren zur Überwindung von Steilpassagen, solide Grundkondition, Orientierungsvermögen wünschenswert. Anstiegszeit bis 4 Stunden.
Abfahrt: Steilhänge bis zu 35° Neigung, Hindernisse und Engstellen, Waldpassagen und Gletscher sowie Gegenanstiege möglich; für den geübten Tourenskiläufer ideal.

[3] ≙ **»Anspruchsvolle« Skitour**
Anstieg: Vorausgesetzt werden gute Kondition, Orientierungsvermögen, Bergerfahrung im hochalpinen Gelände, in Fels und Eis, im Umgang mit Seil, Pickel und Steigeisen. Eine Anstiegshöhe von 1500 Hm und eine Anstiegszeit von 4 Stunden kann unter Umständen deutlich überschritten werden.

Abfahrt: Hangneigung bis 45°, auf kurzen Strecken auch darüber, enge Steilrinnen, heikle Passagen mit verschiedenen Hindernissen, häufig im Gletscherbereich, ernste Verletzungsgefahr bei Sturz ist möglich, Teilabstieg zu Fuß kann erforderlich sein, nur für den routinierten Tourenskiläufer!

Lawinengefahr und günstige Jahreszeit

Nicht weniger problematisch als die Schwierigkeitsbewertung sind Angaben über »Lawinengefahr« und »günstige Jahreszeit« bei einer Skitour. Trotzdem will sich der Autor diese Beurteilung nicht ersparen, da der Gebietsunkundige sonst nicht weiß, wie er eine Tour einzuschätzen hat. Es muß aber auch sehr deutlich davor gewarnt werden, diese Angaben zu verabsolutieren!

Die **Lawinengefahr** wurde im Tourenüberblick in drei Kategorien eingeteilt: gering - mittel - erhöht.

gering: Bei vernünftiger Routenwahl und Anpassung an günstige Geländestrukturen ist die Lawinengefahr zwar nicht auszuschließen, sie ist jedoch unter »normalen« Bedingungen gering.

mittel: Auch unter »normalen« Bedingungen ist auf einzelnen Wegstrecken eine gewisse Lawinengefahr vorhanden. Sorglosigkeit ist auch unter günstigen Bedingungen nicht angezeigt. Von der Tour ist bei erhöhter Lawinengefahr abzuraten!

erhöht: Die Tour darf nur bei sicheren Verhältnissen durchgeführt werden; das kann häufig erst im Frühjahr der Fall sein, wenn die Schneedecke in den Nachtstunden verharscht und tagsüber auffirnt. Die Touren sind in vielen Fällen rechtzeitig zu beenden. Früher Aufbruch ist dann meist unerläßlich.

Abschließend sei darauf hingewiesen, daß kaum eine Skitour während des ganzen Winters als absolut lawinensicher anzusehen ist. Es gibt Tage, da bleibt man am besten zu Hause. Andererseits ist jede der hier vorgestellten Skitouren lawinensicher, wenn sie am richtigen Tag zu den richten Stunden durchgeführt wird. Diesen Zeitpunkt muß aber jeder selbst finden.

Bei den meisten Skitouren wurde eine verhältnismäßig große Spannweite als **»günstige Jahreszeit«** angegeben. Wenn man aber die »Seitensprünge« der Natur und des Wettergeschehens einbezieht, gerät öfters einiges durcheinander. Es kann vorkommen, daß man im Dezember und Januar reihenweise »Firntouren« unternehmen kann, Mitte Mai aber in der Zweitausenderregion sogar noch eine Staublawine erleben muß. In manchem Jahr wartet man bis weit in den Januar hinein auf eine ausreichende Schneedecke und wieder in einem anderen Jahr kehrt man im Juli (!) von einer der schönsten Firntouren des Jahres heim. Die Angaben zur »günstigen Jahreszeit« sind also sehr relativ!

Abgang eines Schneebretts im Längental
(Tour 56)

Abkürzungen und Zeichenerklärungen

Ⓐ Ⓑ Ⓒ	Geländepunkte
AV	Alpenverein (auch im Zusammenhang mit der Karte)
AVE	Alpenvereinseinteilung (der Ostalpen)
BLVA	Bayerisches Landesvermessungsamt
DAV	Deutscher Alpenverein
f & b	freytag & berndt Wanderkarte
HG	Hauptgipfel
Hm	Höhenmeter
m	Meter (1. Seehöhe oder 2. Horizontalentfernung)
Min.	Minute(n)
N	Norden
NG	Nordgipfel
NO	Nordosten
Nr.	Nummer
O	Osten
ÖAV	Österreichischer Alpenverein
OG	Ostgipfel
P. (ab P.)	Parkplatz (ab Parkplatz)
P.	Punkt (Vermessungspunkt)
S	Süden
SG	Südgipfel
SO	Südosten
Std.	Stunde(n)
SW	Südwesten
UIAA	Union Internationale des Associations d' Alpinisme
VG	Vorgipfel
W	Westen
WG	Westgipfel
Ww	Wegweiser
↑	Anstieg
↓	Abfahrt
⤳	Routenverlauf im Bild sichtbar (Anstieg/Abfahrt)
---	Routenverlauf im Bild nicht sichtbar
·····	Passage, die gewöhnlich zu Fuß zurückgelegt wird.

[1] oder [2] oder [3]
[1-2] oder [2-3] } Schwierigkeitsbewertung der Touren

Die Richtungen »rechts« – »links« beziehen sich immer auf die Anstiegs- bzw. Abfahrtsrichtung.

Auf Skitour

Ein guter Pistenfahrer ist noch lange kein guter Tourengeher. Umgekehrt gilt natürlich das gleiche. Die technischen Voraussetzungen für den erfolgreichen Tourenskilauf wird man sich allerdings auf der Piste holen.
Auf einer Tour aber muß man sich meist mit mehreren Schneearten auseinandersetzen, außerdem kommt die Belastung des Anstiegs dazu. So hängt die Dauer einer Tour vom Trainingszustand, vom technischen Können, von den Schneeverhältnissen und einigem mehr ab. Das Tourengehen ist folglich eine relativ komplexe Betätigung.
In der Führerliteratur differieren die für eine Tour veranschlagten Anstiegszeiten zum Teil erheblich. Nach jahrelangen Beobachtungen dürfte aber nicht nur das technische Können sondern auch das Konditionsniveau gestiegen sein. Setzt man eine gute Spur voraus, so liegt der Stundenschnitt der meisten Tourengeher beim Anstieg bei 400 Hm und darüber. Er verringert sich mit zunehmender Höhe ab etwa 3000 m. Die in diesem Führer angesetzten Anstiegszeiten gehen von 400 Hm/Stunde aus. Sie verlängern sich bei größeren Flachstücken, im ungespurten Gelände, bei großem Rucksackgewicht etc. Bei ungünstigen Verhältnissen kann sich die Anstiegszeit sogar vedoppeln. Der Anfänger sollte von vorneherein nur 300 Hm/Stunde ansetzen und die angegebenen Anstiegszeiten um ein Viertel verlängern. Die meisten Tourengeher kennen ihre Stundenleistung recht genau und können das hier genannte Maß entsprechend korrigieren. Es handelt sich hier um reine Gehzeiten.
Wichtig ist, daß man beim Gehen sein Tempo drosselt und gleichmäßig geht. Ein Grundsatz ist: lieber zu langsam als zu schnell ansteigen. Man braucht am Gipfel noch genügend Kraft zu einer sicheren Abfahrt. Bei längeren Touren erweist sich nach etwa 2 Stunden eine kleine Pause als vorteilhaft.
Es hat zwar niemand einen Anspruch auf eine bestimmte Neigung der angelegten Spur, doch ist der Schwächere dankbar, wenn sie nicht zu direkt in die Höhe schießt. Mit der Erfindung der Steighilfe scheint sich der Neigungswinkel ohnehin etwas erhöht zu haben, zum Leidwesen der Schwächeren.

Noch eine kritische Anmerkung zu »Spuren im Schnee«:
Wenn sich jeder, der als erster eine Spur in den Schnee zeichnet, der Signalwirkung derselben bewußt wäre, würde er dies wohl mit größerer Bedachtsamkeit tun, und so manches Unglück und so mancher Schaden könnte vermieden werden. Das Verhängnisvolle an diesen Spuren ist nämlich, daß sie jedem sichtbar erhalten bleiben. Spuren im Schnee sind deshalb von den Nachfolgenden immer kritisch zu beurteilen, ob im Anstieg oder bei der Abfahrt. Mancher darf man nicht blindlings folgen!

Im Hochglückkar (Tour 12)

Gefahren

So schöne Stunden einem durch das Tourengehen geschenkt werden, so wichtig ist es auch, um die Gefahren bei dieser Betätigung im Gebirge zu wissen. Die Statistiken sprechen hier eine warnende Sprache. In Erweiterung des Sprichwortes »Wer die Gefahr liebt, kommt darin um«, möchte ich sagen: Wer die Gefahr erkennt, kann ihr begegnen und ausweichen.
Solche Gefahren sind:
- ☐ Lawinen,
- ☐ Gletscherspalten,
- ☐ vereiste Steilhänge und Wächten,
- ☐ Wettersturz, Nebel, Kälte, Sturm …

Lawinen

Die größte Gefahr droht dem Skitouristen mit Sicherheit von Lawinen. Wer davon einmal erfaßt ist, hat laut Statistik nur eine 80%ige Überlebenschance. Diese sinkt nach dem Stillstand der Lawine rapide ab. Daran ändert auch die Mitnahme eines Verschüttetensuchgeräts (VS-Gerät) im Prinzip nichts. Vor allem sollte man sich damit nicht in trügerischer Sicherheit wiegen. Es könnte sich äußerst verhängnisvoll auswirken. Lawinengefahr ist immer Lebensgefahr, ob mit oder ohne VS-Gerät!
Das Studium von Alpin-Lehrplänen, die Teilnahme an einem Lawinenkurs, die Bereitschaft, von wirklich erfahrenen Tourengehern zu lernen und vor allem Meidung von Lawinenhängen, Mut zur Änderung einer Route, ja manchmal sogar zur Umkehr kann das Gebot der Stunde sein. Es gibt außerdem Tage, da bleibt man am besten zu Hause!
Besondere Lawinengefahr droht:
- ☐ nach größeren Neuschneefällen,
- ☐ bei erheblicher Temperaturänderung durch Warmluftzufuhr und (oder) Sonneneinstrahlung,
- ☐ durch Schwimmschneeschichten in tieferen Lagen,
- ☐ durch Schneeverfrachtung infolge Wind und Sturm,
- ☐ im baum- und strauchlosen Steilgelände,
- ☐ besonders in Nordost-, Ost-, Südosthängen, an denen zwei Drittel aller Lawinenabgänge zu verzeichnen sind und ein entsprechendes Maß an Unfällen passiert.

Um sich bereits vor Antritt einer Tour einen Überblick über die bestehende Lawinengefahr zu verschaffen, sollte man den Lawinenlagebericht im Funk, Fernsehen oder über die Telefonansage anhören bzw. einholen. Siehe dazu »Wichtige Telefonnummern«!

Gletscherspalten

Die im Laufe der Sommermonate ausgeaperten Gletscher erhalten durch die Niederschläge in der kalten Jahreszeit wieder eine neue Schneedecke, die auch die Gletscherspalten verdeckt. Die Tragfähigkeit dieser Schneebrücken ist in den Früh- und Hochwintermonaten meist noch zu gering, so daß die verdeckten Gletscherspalten in dieser Jahreszeit für den Tourenskiläufer ein erhebliches Risiko bedeuten. Gewöhnlich erreicht die Tragfähigkeit der Gletscherbrücken in den Monaten April, Mai ihre höchsten Werte. Doch besteht auch in dieser Zeit kein Grund zur Sorglosigkeit.

Vereiste Steilhänge und Wächten

Wer in verharschten oder gar vereisten Steilhängen und Rinnen, wie sie besonders im Frühjahr anzutreffen sind, stürzt, hat meist keine Chance mehr, sich zu halten. Schwerste Verletzungen sind häufig die Folge. So mancher kann sogar von Glück reden, wenn er bei einem derartigen Sturz mit dem Leben davonkommt. Es gehört zur Routine und Klugheit eines Skibergsteigers, einen Steilhang, der nicht auffirnt, unter Umständen zu Fuß oder gar mit Steigeisen im Abstieg zu überwinden, als ein unnötiges Risiko einzugehen.
Besonders auf Graten und Kämmen ist auf die Wächtenbildung zu achten und die Ski- oder Fußspur in respektvollem Abstand vor diesen trügerischen Gebilden zu legen.

Das Wetter

Wer häufig in den Bergen unterwegs ist, der weiß, wie rasch sich das Wetter ändern kann. Wetterprognosen und Schlechtwetterzeichen sollte man daher stets ernst nehmen.
So eindeutig und übersichtlich manche Route bei guter Sicht vorgezeichnet ist, so gefährlich kann es werden, wenn im Nebel jeder Überblick verlorengeht. Wächten, Abbrüche etc. sind nicht mehr zu erkennen, eine weite Schneefläche ohne Orientierungspunkte wird zum Irrgarten, vor allem dann, wenn auch der Wind in Kürze alle Spuren verweht. Schnee, Kälte und Sturm können das Ausmaß der Verwirrung noch steigern. Bei widerlichen Wetterverhältnissen kann der Mut zur rechtzeitigen Umkehr oder der Verzicht auf eine Tour sich als beste Lebensversicherung erweisen.

Kritische Situationen und Hilfsmaßnahmen

Vor allem in kritischen Situationen muß man die Ruhe bewahren, nicht »blind« und unüberlegt irgendwo abfahren und damit die Situation gar noch verschlimmern. Gutes Kartenmaterial, Kompaß und Höhenmesser werden zu unverzichtbaren Hilfsmitteln. Eine Gruppe darf sich nie in ihre Bestandteile auflösen, sondern muß konsequent beisammenbleiben.
Besonders wichtig ist ein überlegtes Handeln bei einem Lawinenabgang oder sonstigen Unfall. Die größte Chance, aus den Schneemassen lebend herauszukommen, besteht in der Kameradenhilfe. Um helfen zu können, gehört zur Bereitschaft und Verpflichtung zur Hilfeleistung

auch das nötige Wissen und Können. Es gibt dazu Fachliteratur und Lehrgänge, die mit Nachdruck empfohlen werden.
Jeder Bergsteiger sollte das *alpine Notsignal* kennen:

- ☐ Der Hilfesuchende gibt 6mal in regelmäßigen Abständen pro Minute ein hörbares oder sichtbares Zeichen, das nach 1minütiger Unterbrechung wiederholt wird. Dies praktiziert man solange, bis Antwort erfolgt.
- ☐ Der Helfer antwortet 3mal in regelmäßigen Abständen pro Minute.

Für eine effektive, rasche Rettung sind einige kurze, präzise Angaben erforderlich

☐ Art der Verletzungen, des Unfalls	**Was?**
☐ Anzahl der Verletzten	**Wieviele?**
☐ Lage der Verletzten	**Wo?**
☐ Zeitpunkt des Unfalls	**Wann?**
☐ Wetter am Unfallort	**Wie?**
☐ Unfallmelder	**Wer?**

Wichtige Telefonnummern

Alpine Auskunft: Deutscher Alpenverein (DAV)
aus Deutschland: 0 89/29 49 40
aus Österreich: 06/0 89/29 49 40
Österreichischer Alpenverein (ÖAV)
aus Österreich: 0 52 22/58 41 07
aus Deutschland: 00 43/52 22/58 41 07

Lawinenlagebericht in Bayern (Tonband):
aus Deutschland: 0 89/1 25 95 55
aus Österreich: 06/0 89/1 25 95 55

Amtlicher Lawinenwarndienst:
Tirol
aus Österreich: 0 52 22/15 87
aus Deutschland: 00 43/52 22/15 87

Salzburg
aus Österreich: 0 62 22/15 88 ⟨06 62/15 88⟩
aus Deutschland: 00 43/62 22/15 88 ⟨00 43/6 62/15 88⟩

AV-Wetterdienst: (Tonband)
Deutschland: 0 89/29 50 70
Österreich: 0 52 22 ⟨05 12⟩/15 67

Notruf:

Bayern:	1 10
Tirol:	0 52 22/58 21 22 ⟨05 12/58 21 22⟩ (Bergrettung Innsbruck)
Salzburg:	0 62 22/84 59 69 ⟨06 62/84 59 69⟩ (Bergrettung Salzburg)

Ausrüstung

Für den Tourenskiläufer hat sich am Ausrüstungsmarkt in den letzten Jahren einiges getan. Da die Nachfrage von Jahr zu Jahr steigt, wird dieser Sektor auch für die Industrie und den Markt immer interessanter. Trotzdem blieben bis heute noch viele Wünsche offen, nicht nur bei den Schuhen.

Ausrüstungsgegenstände

- ☐ Etwa körperlange Tourenski (meist zwischen 1,60 m und 1,80 m),
- ☐ Tourenbindung mit integrierter Steighilfe,
- ☐ Fangriemen,
- ☐ Spannklebefelle,
- ☐ Harscheisen,
- ☐ Tourenskischuhe mit guter Paßform für mehrstündige Anstiege,
- ☐ höhenverstellbare Skistöcke mit großem Teller,
- ☐ Rucksack mit Skibefestigung.

Bekleidung

- ☐ Bundhose mit gut hüfthohem Schnitt und Träger,
- ☐ 2 Paar Strümpfe (dünn, dick),
- ☐ Anorak,
- ☐ Windjacke,
- ☐ Pullover (besser 2 dünne, als 1 dicker!),
- ☐ Gamaschen,
- ☐ Handschuhe (Fäustlinge sind besser als Fingerhandschuhe!), evtl. auch Überhandschuhe,
- ☐ Mütze,
- ☐ Überhose (mit Hilfe durchgehender Verschlüsse jederzeit an- und ausziehbar),
- ☐ Ersatzunterwäsche.
  Gut bewährt hat sich solche Unterwäsche, die den Schweiß auf äußere Schichten abgibt, so daß die Haut relativ trocken bleibt. Die immer wieder empfohlene lange Unterhose verursacht bei vielen einen unangenehmen Wärmestau. Hier muß man das Richtige ausprobieren!

Sonstiges

- ☐ Sonnenbrille,
- ☐ Sonnencreme,
- ☐ Lippenschutz,
- ☐ Heftpflaster,
- ☐ Messer,
- ☐ Rettungsdecke,
- ☐ einheitliches VS-Gerät (neuerdings gibt es auch einen Lawinenrettungsballon),
- ☐ Lawinenschaufel.

In jeder Gruppe mitzuführen

- ☐ Karte,
- ☐ Kompaß,
- ☐ Höhenmesser,
- ☐ Biwaksack für 2 Personen,
- ☐ Erste-Hilfe-Päckchen,
- ☐ Draht,
- ☐ Zange,
- ☐ Ersatzfell und Skiteller oder -stock,
- ☐ Proviant und ein warmes Getränk.

Tips

Wer Druckstellen an den Füßen verspürt, sollte sofort ein Heftpflaster aufkleben, es wirkt häufig wie eine zweite Haut. Am besten ist es, dieses an den bekannten kritischen Stellen schon vor der Tour anzubringen. Damit wird so manche Blase völlig vermieden. Zudem kann das Heftpflaster bei mancher Reparatur an Ski und Stöcken gute Dienste leisten und für eine ausreichende Befestigung eines klebeschwachen Felles sorgen.

Karten - Kompaß - Höhenmesser

Da dem Führer keine Karte beiliegt, wurde bei jeder Tour gesondert auf geeignetes Kartenmaterial verwiesen. Die besten dem Skitouristen derzeit zur Verfügung stehenden Karten sind zweifellos die Alpenvereinskarten im Maßstab 1:25000 mit Skirouten. Wer im Kartenlesen ausreichende Erfahrung hat, kann daraus wertvolle Informationen entnehmen, ja sich manche Route sogar selbst zurechtlegen. Am deutlichsten zeigt sich der Wert einer Karte (in Verbindung mit Kompaß und Höhenmesser), wenn durch Nebel und Wolken die Sicht genommen ist.
Gute Dienste leisten auch die Karten der Landesvermessungsämter (in Österreich: Bundesamt für Eich- und Vermessungswesen, Wien; in Bayern: Landesvermessungsamt München) im Maßstab 1:50000 und mit einem Höhenlinienabstand von jeweils 20 m.
Die Wanderkarten verschiedener Verlage, im Maßstab 1:50000 exakt gezeichnet, können zwar auch als brauchbare Orientierungshilfe gelten, ihrer Verwendbarkeit sind jedoch gewisse Grenzen gesetzt, wenn der Höhenlinienabstand 100 m beträgt. Eine genaue Geländebeurteilung wird so nämlich schwieriger, und die Gefahr einer Fehleinschätzung wächst.

Alle in diesem Führer genannten Karten auf einen Blick:

- ☐ Alpenvereinskarten (AV): Nr. 5/1, 5/3, 6, 31/1, 31/2, 31/5, 35/1, 35/3, Deutscher Alpenverein, München.
- ☐ Österreichische Karten (ÖK): Nr. 88, 89, 119 bis 122, 146 bis 150, Bundesamt für Eich- und Vermessungswesen, 1080 Wien.
- ☐ Bayerisches Landesvermessungsamt, München (BLVA): »Mangfallgebirge«, »Bad Tölz, Lenggries«, »Karwendelgebirge«.

- ☐ Freytag & Berndt Wanderkarten (f&b): Nr. 121, 151, 152, 241, 321, 323, 381, 382.

Karten unter Punkt 1: Maßstab 1:25000 außer 31/5;
Karten unter Pkt. 2–4: Maßstab 1:50000.

Es kommt zwar selten vor, daß man auf einer Skitour einen Kompaß benötigt, in manchen Situationen ist er jedoch unverzichtbar.

Gute Dienste leistet eigentlich in jedem Falle ein Höhenmesser. Im Zusammenhang mit diesem Skiführer gewinnt er zusätzliche Bedeutung, da in jeder Anstiegsbeschreibung mehrere Höhenangaben gemacht werden. Auch auf die Verwendbarkeit eines Höhenmessers als Barometer sei hingewiesen.

Mensch und Natur

Zählten die Alpen im 19. Jahrhundert noch zu den weitgehend unberührten Landschaften Europas, so muß man sie heute unter die beliebtesten Erholungsgebiete dieses Kontinents einreihen. Damit aber sind sie wie alle anderen gleichartigen Gebiete gefährdet, sofern der Mensch dort nicht verantwortungsbewußt mit der Natur umgeht. Schädigt oder zerstört er sie gar, so beraubt er sich ihres Wertes und schadet sich letztlich selbst. Dies gilt für den überschaubaren Raum ebenso wie in globaler Hinsicht.
Da die Bereitschaft zur Rücksichtnahme die erforderliche Einsicht voraussetzt, seien hier einige Zusammenhänge aufgezeigt.
Eine ganz wichtige Funktion kommt im Gebirge bekanntlich dem Wald zu. Er ist nicht nur Wasserspeicher, sondern auch Schutz vor Hochwasserkatastrophen, Lawinen und Erosion. Jeder Skifahrer weiß oder sollte es wissen, daß er mit den scharfen Stahlkanten die Triebe der Bäume und Sträucher »rasiert« und bei geringer Schneeauflage gar die Grasnarbe zerstört. Es wurde festgestellt, daß die Verbißschäden im Wald besonders hoch sind, wenn das Wild verjagt wird. Wildtiere und (bedrohte) Vogelarten brauchen im Winter besonderen Schutz, das heißt: die nötige Ruhe in ihren Unterständen.
Der Tourengeher kann seine Naturverbundenheit am besten dadurch praktizieren, daß er Markierungen beachtetet, die Wälder möglichst auf Straßen und Wegen, Schneisen und Lichtungen durchquert, Jungholz meidet, Einzelbäume schont, Futterstellen umgeht, Distanz zu Wildtieren hält. Die Rücksicht auf Wald und Wild sollte genauso zur Tourenplanung und Routenwahl gehören, wie die Einschätzung der Lawinengefahr und Schneebeschaffenheit.
Der verantwortungsbewußte Skitourist wird sich auch bei der Anfahrt als Energiesparer erweisen und möglichst in Gruppen anreisen. Er wird aber auch Rücksicht auf die heimische Bevölkerung nehmen, niemand durch unvernünftiges Parken behindern oder belästigen, keine Umzäumungen zerstören, seinen Abfall wieder mitnehmen und ähnliches.
Es hängt weitgehend von der Bereitschaft der Tourenskiläufer zur Verantwortung gegenüber Mensch und Natur ab, ob es künftig zu behördlich verordneten Ge- und Verboten in den Tourengebieten kommt. Allein durch den Erlaß von Verordnungen wäre ein entscheidendes Stück der in den Bergen gesuchten und so gepriesenen Freiheit verloren. Wäre da nicht eine »frei-willige« Selbsteinschränkung durch Rücksicht auf die Natur am wenigsten schmerzlich und zugleich ein Zeichen unserer Mündigkeit? Wir sollten bereit sein, auf unseren Touren einen Zustand zu hinterlassen, den wir und wohl auch spätere Generationen dort antreffen wollen, damit uns das Erlebnis Berg und Natur erhalten bleibt.

Skitour zum Hippold (Tour 38).
Wenn auf einer Skitour das Wetter umschlägt,
ist eine gute Ausrüstung unerläßlich.

1 Wildalpjoch 1720 m

Bayerische Voralpen Ost

Charakteristik: Lohnende Halbtagestour vom Sudelfeld mit freier, südseitiger Abfahrt. Besonders schön zur Firnzeit. Erhöhte Lawinengefahr!

Günstige Jahreszeit/Schwierigkeit: Dezember mit März / [1]

Anstiegshöhe und -dauer: 720 Hm, knapp 2 Stunden.

Ausgangs- und Stützpunkt: Sudelfeld, Parkplatz östlich der Brücke über den Arzbach (1000 m). Kein Stützpunkt auf der Tour.

Anreise: Inntalautobahn bis Brannenburg oder Oberaudorf, dann über den Tatzelwurm zum Sudelfeld (über Brannenburg Mautstraße). Hierher auch über Miesbach, Bayrischzell (B 307).

Karte: BLVA, »Mangfallgebirge«, 1:50000

Anstieg: Vom Parkplatz im Osten des Sudelfeldes über die Arzbachbrücke und unmittelbar an ihrem Westende auf einer Almstraße ziemlich höhengleich am Westufer des Arzbaches ein kurzes Stück nach Norden und auf einem Steg über den von Westen her kommenden Bach, sodann über Wiesen zu der schon an der Brücke sichtbaren Jacklbergalm Ⓐ (ca. 1110 m, 20 Min. ab P.). Noch knapp 100 Hm über freie Hänge empor, dann nach links in eine weite, von lichten Baumgruppen besetzte Mulde hinüber. Zuerst am Ostrand der Mulde entlang, bei gut 1250 m rechts an einer Hütte vorbei und etwa 100 Hm oberhalb der Hütte links hinüber. Bis hierher reichen die vom Wildalpjoch abgehenden Lawinen und Schneebretter herunter! Nun auf den vom Wildalpjoch südwärts streichenden Kamm hinauf, den man über eine Steilstufe dicht oberhalb des Waldrandes erreicht Ⓑ (kleine Holzhütte am Kamm, ca. 450 Hm, 1¼ Std. ab P.). Geradewegs über den von jungen, locker stehenden Bäumen bewachsenen Kamm (nicht zu weit rechts!) zum Gipfel, den man zuletzt von rechts her betritt (1720 m, 2 Std. ab P.).

Abfahrt: Wie Anstieg oder auch reichlich zur Kaserwand hinüber und von dort nach Süden hinab. Die o.g. Lawinenhänge sind in jedem Fall zu meiden! Früher Aufbruch zwecks guter Firnverhältnisse und sicherer Schneelage empfehlenswert!

Wildalpjoch
B
A

2 Breitenstein 1622 m

Bayerische Voralpen Ost

Charakteristik: Stark bewaldeter Vorberg, der trotzdem eine lohnende Abfahrt über west- und nordseits gerichtete Lichtungen und Almwiesen bietet und nur in Extremsituationen am oft verblasenen Gipfelhang lawinengefährlich ist. Reichliche Schneeauflage wünschenswert. Die unteren Hänge apern früh aus.

Günstige Jahreszeit/Schwierigkeit: Januar bis Anfang März / [1]

Anstiegshöhe und -dauer: 700 Hm bis Westgipfel, 800 Hm bis Ostgipfel; 1¾ bzw. 2¼ Stunden.

Ausgangs- und Stützpunkt: Cafe »Winklstüberl« direkt an der Straße zwischen Elbach und Fischbachau (ca. 800 m).

Anreise: Autobahn München-Salzburg bis Irschenberg, dann Richtung Bayrischzell; gut 1 km hinter der Ortschaft Elbach. Oder Autobahnausfahrt Bad Aibling, kurz vor Feilnbach rechts nach Hundham und Elbach.

Karte: BLVA »Mangfallgebirge«, 1:50000

Anstieg: Vom Cafe »Winklstüberl« über mäßig geneigte Wiesenhänge in östlicher Richtung rechts (südlich) eines von Bäumen gesäumten, schmalen Grabens Ⓐ bis zum Waldrand empor. Dabei durchschreitet man eine Hecke Ⓑ und quert die zur Schwaigeralm führende Straße. Am Waldrand trifft man auf einen Ziehweg Ⓒ, der rechts in den Wald führt und sich nach einer Weile gabelt. Am besten wählt man nun den linken, etwas steileren Weg, der auf eine Lichtung hinausleitet. Sich stets leicht rechts haltend, gelangt man über weitere kleinere und größere Lichtungen problemlos auf die Höhe eines Kammes Ⓓ (ca. 300 Hm, knapp ¾ Std. ab P.). Genau auf seinem Scheitel führt ein Ziehweg rechts (südlich) aufwärts, der auf der Westseite von einem Zaun begrenzt ist und an einer Stelle für den Skifahrer einen Durchschlupf bietet. Man merke sich diese Stelle für die Abfahrt! Der Ziehweg verläuft zunächst im Wald und tritt schließlich auf eine sehr langgezogene Lichtung hinaus, die sich mit zunehmender Höhe mehr und mehr öffnet und in die Almwiesen um die Bucheralm Ⓔ übergeht (ca. 1200 m, gut 1 Std. ab P.). Man steigt nun über diese Almwiesen weiter in südlicher Richtung an und trifft dort, wo sich die zunächst sehr zerstreut stehenden Bäume verdichten, auf einige 6–8 m hohe Felsen Ⓕ, an denen man scharf nach rechts abbiegt. So überlistet man auf dem Sommerweg das Steilgelände und den Wald. Nach etwa 5 Minuten erreicht dieser Weg den freien Westhang, über den man in ein kleines Schartl Ⓖ rechts (südlich) des Gipfels gelangt. Dahinter steigt man in wenigen Minuten in einer Mulde nach links zum Westgipfel an (1575 m, knapp 2 Std. ab P.)

Der Weiterweg zum etwas höheren Ostgipfel ist vom Westgipfel gut zu überschauen; er führt über eine Hochfläche und eine kleine Gipfelflanke in reichlich 20 Minuten zum höchsten Punkt (1622 m, gut 2 Std. ab P.).

Abfahrt: Wie Anstieg.

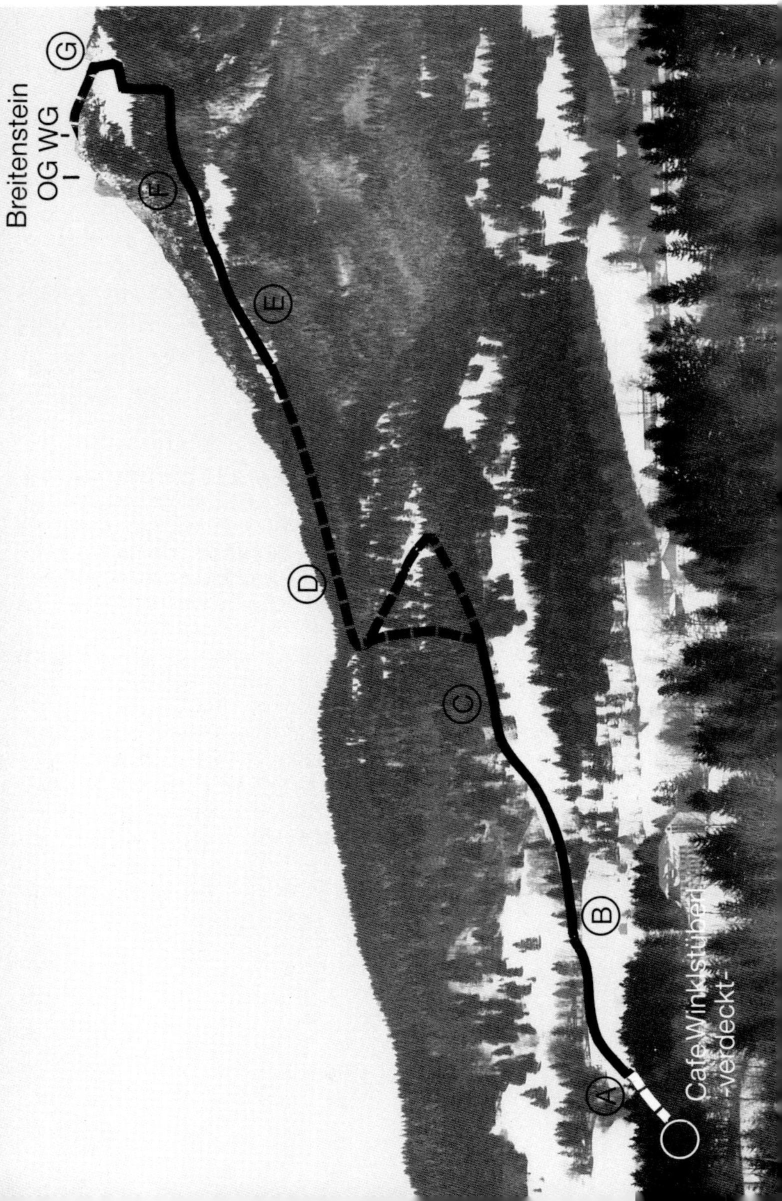

3 Trainsjoch 1708 m

Ascherjoch (Semmelkopf) 1558 m

Bayerische Voralpen Ost

Charakteristik: Besonders im Früh- und Hochwinter geeignete Voralpentour mit einer Abfahrt vor allem über Nordwest-, aber auch Südhänge und eine Almstraße. Im oberen Bereich nicht lawinensicher.

Günstige Jahreszeit/Schwierigkeit: Dezember bis März / [1]

Anstiegshöhe und -dauer: Ca. 870 Hm, 2 Stunden.

Ausgangs- und Stützpunkt: 1,1 km südlich der Grenzstation von Ursprung an der Straße von Bayrischzell nach Kufstein (ca. 840 m), kleiner Parkplatz am Westrand der Straße. Kein Stützpunkt auf der Tour.

Anreise: Von Kufstein über Thiersee, Landl in Richtung Bayrischzell bis 1,1 km vor der Grenze. Oder über Miesbach und Bayrischzell in Richtung Kufstein bis 1,1 km nach der Grenze.

Karten: BLVA, »Mangfallgebirge«, 1:50000. ÖK, Nr.89, »Angath«, 1:50000

Anstieg: Auf einer Almstraße (Ww. »Trockenbach«) zuerst am Nordufer, dann am Südufer des Trockenbaches durch dessen enges Tal und einen Waldgürtel zu einem Kessel mit der Trockenbachalm Ⓐ (knapp 1100 m, gut ½ Std. ab P.). Nun in gleicher Richtung und stets auf der Südseite des Grabens über zumeist leicht bewaldetes Gelände in den Sattel Ⓑ zwischen Trainsjoch (links) und Ascherjoch (rechts). Zuletzt schneebrettgefährlich. Bis hierher 1 Std. ab Alm. Vom Sattel im rechten Winkel nach links über einen Rücken und über einen Grat in ½ Std. zum Trainsjoch (1708 m, 2 Std. ab P.).

Abfahrt: Bis zum Sattel wie Anstieg. Am besten in einem etwa 10minütigen Gegenanstieg auf das südlich gelegene Ascherjoch (Semmelkopf, 1558 m). Vom höchsten Punkt der breiten Kuppe oder noch weiter westlich über die licht bewaldeten, schönen Nordwesthänge - guter Überblick vom Trainsjoch! - zur Trockenbachalm hinab und auf der Almstraße ins Tal.

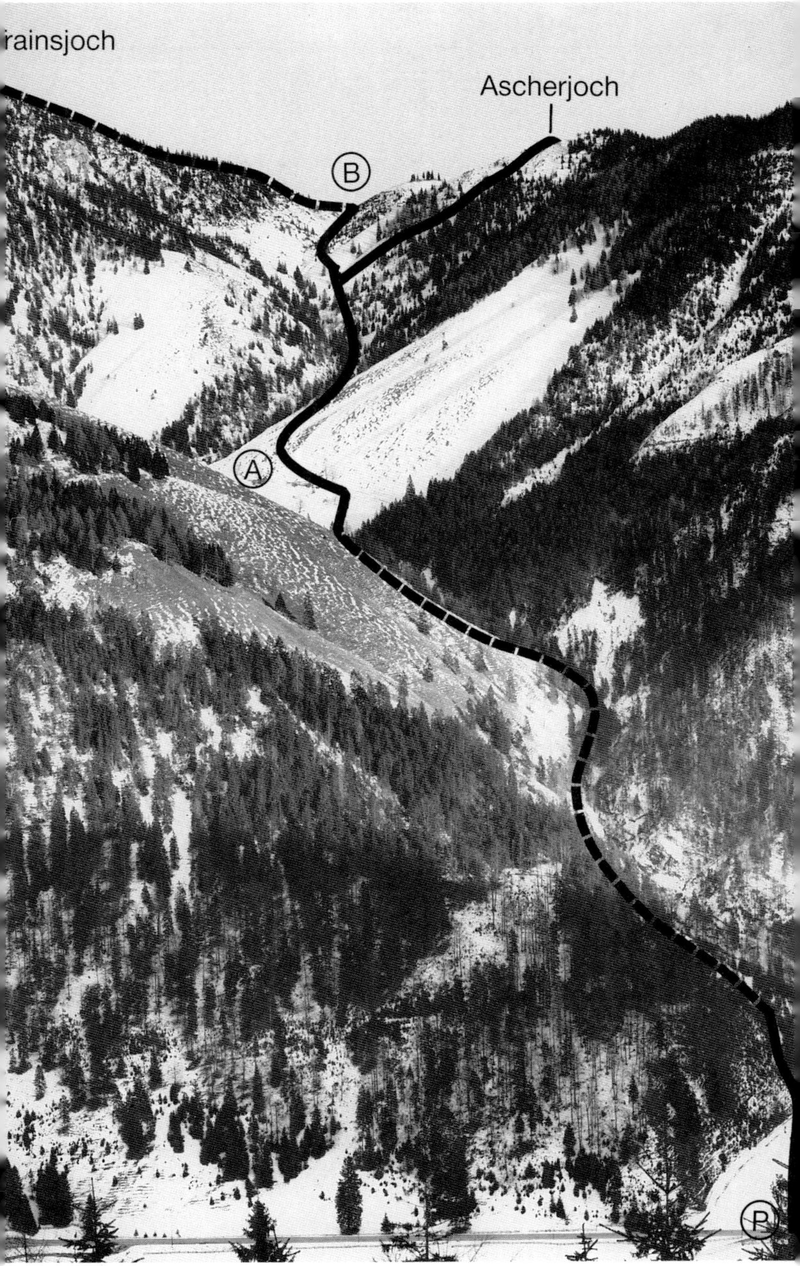
rainsjoch
Ascherjoch
B
A
P

4 Hirschberg 1688 m

Bayerische Voralpen Ost

Charakteristik: Vielbesuchter Aussichtsberg über dem Tegernseer Tal mit einer hindernislosen, überwiegend ostseitigen Abfahrt, die auf der unteren Hälfte in eine Piste einmündet. Für den Anstieg gibt es zwei Routen, eine davon mit Liftbenützung. Im Bereich der Rauheckalm nur in Extremsituationen nicht ganz schneebrettsicher!

Günstige Jahreszeit/Schwierigkeit: Dezember bis März / [1]

Anstiegshöhe und -dauer: Über das Hirschberghaus 900 Hm, knapp 3 Stunden. Über die Rauheckalm mit Liftbenützung 500 Hm, 1½ Stunden.

Ausgangs- und Stützpunkt: Scharling, Parkplatz unmittelbar am nördlichen Ortseingang (770 m); Hirschberghaus (1544 m), in den Weihnachtsferien und an Wochenenden bis Mitte April geöffnet. Hirschberglift südlich von Scharling (ca. 770 m).

Anreise: Über die B 307 (Tegernsee) oder B 318 (Bad Wiessee) nach Scharling bzw. über die B 307 (Lenggries) nach Scharling.

Karte: BLVA, »Mangfallgebirge«, 1:50000

Hinweise: Der Anstieg von Scharling zum Hirschberghaus dient im unteren Bereich als Rodelbahn. Aus Sicherheitsgründen ist das Rodeln allerdings erst ab 12 Uhr erlaubt. Diese Route ist am Morgen weniger überlaufen als Route 2. Wenn man rechtzeitig (vor 8 Uhr) aufbricht, wird auch bei einem Anstieg über die Piste niemand behindert oder gefährdet.

Anstiege: Über das Hirschberghaus: Vom nördlichen Parkplatz am Ortseingang von Scharling zuerst auf einer Straße, dann auf einem Forststraßl, das im Winter als Rodelbahn dient, durch Wald auf einen Sattel Ⓐ mit einigen Hütten und einem Materiallift (ca. 1300 m, knapp 2 Std. ab P.). Kurz vorher endet auch die Rodelbahn. Vom Sattel direkt über den steilen und gut markierten Weg über den Kratzer. Diese Route gilt im Gegensatz zum »Sommerweg« als lawinensicher; sie ist im oberen Teil mit Drahtseil versichert und meist abgeblasen, so daß man sie zu Fuß überwindet. Vom Kratzer in wenigen Minuten nach rechts zum Hirschberghaus hinab (½ Std. ab Sattel). Der Weiterweg vom Kratzer bzw. vom Haus zum Hirschberg vollzieht sich über einen Kamm und den Ostgipfel (Steinmann); die Route ist eindeutig vorgegeben (1688 m, ½ Std. vom Haus).

Bei Liftbenützung (die Route ist markiert): Mit dem Lift im Süden von

Scharling auf die »Gründ« Ⓑ, dann in westlicher Richtung durch Lichtungen und ein anschließendes kleines Tal bis vor die Ostflanke des Hirschbergs. Nun scharf rechts und über einen ca. 100 m hohen, zu beiden Seiten von Wald gesäumten Steilhang zu den Hütten der Rauheckalm Ⓒ (knapp 1500 m, ¾ Std. ab Bergstation). Von hier nach links und über den breiten Ostrücken zum Hirschberg-Ostgipfel, von dem man zusammen mit Route 1 über eine kleine Senke den Westgipfel erreicht (ca. 1¼ Std. ab Lift).

Abfahrt: Wie Route 2, zuletzt über die Piste. Für den Rückweg zum Auto (Route 1) benötigt man ca. 10 Minuten. Man geht vom Liftparkplatz zuerst Richtung Hauptstraße und zweigt an der ersten Straße nach links ab, die direkt zum Auto führt.

Hirschberg OG
HG
Kratzer
A
B
C
P
Lift

5 Rund um die Rauhalm

Seekarkreuz 1601 m - Schönberg 1621 m - Hochplatte 1595 m

Bayerische Voralpen Ost

Charakteristik: Rhythmusbrechende Skitour über drei Vorgebirgsgipfel mit Abfahrten in den Richtungen Süd, Ost und Nord. Auf den freien und teils steilen Hängen sind sichere Verhältnisse unerläßlich. Die Route führt außerdem durch lichte Waldpassagen und auf Forststraßen mit 1stündigem Talweg ohne wesentliche Steigung.

Günstige Jahreszeit/Schwierigkeit: Dezember bis Anfang März / Seekarkreuz: [1], ganze Runde: [2]

Anstiegshöhe und -dauer: Für die ganze Runde 7 Stunden. Bis Seekarkreuz 800 Hm, knapp 3 Stunden. Rauhalm - Schönberg: gut 300 Hm, 1 Stunde. Schönberg - Hochplatte: knapp 200 Hm, 1 Stunde.

Ausgangs- und Stützpunkt: Winterstube am Eingang ins Schwarzenbachtal, Bushaltestelle und Parkplatz an der B 307 (826 m). Die Schwarzentennalm ist an den Winterwochenenden bewirtschaftet.

Anreise: Autobahn München - Salzburg bis zu den Ausfahrten Holzkirchen oder Weyarn, dann über Tegernsee und Kreuth zum Ausgangspunkt 2 km westlich von Wildbad Kreuth. Hierher auch von Süden oder Westen über den Achenpaß.

Karte: BLVA »Bad Tölz, Lenggries und Umgebung«, 1:50000

Hinweise: Die Tour wird häufig nur bis zum Seekarkreuz durchgeführt. Die Abfahrt von der Hochplatte erfordert sicherste Verhältnisse, sie kann durch die Gipfelwächte zudem sehr erschwert sein. Die Lenggrieser Hütte westlich des Seekarkreuzes wird auf der Route nicht tangiert, ist aber vom o.g. Gipfel leicht erreichbar.

Anstieg: Vom Parkplatz an der Winterstube auf breiter Forststraße - für den Verkehr gesperrt - ins Schwarzenbachtal und zur Schwarzentennalm (1029 m, fast 4 km, 200 Hm, 1 Std. ab P.). Hierher auch etwas reizvoller entlang des Weges am Westufer des Schwarzenbaches, indem man kurz oberhalb der Winterstube den Bach nach links überschreitet (Ww. »Schwarzentenn«) und kurz vor Schwarzentenn wieder zur Forststraße zurückkehrt. An der Schwarzentennalm 200 Hm schräg links hinauf und teilweise steil durch Wald auf ein Plateau (A), auf dem von links die Abfahrt von der Hochplatte mündet. Nun in west- und nordwestlicher Richtung teilweise einer Forststraße und Markierungen folgend, zuerst eben durch Wald, dann auf einem Almweg und freie Wiesen am Waldrand zum Kessel der Rauhalm, die man aber links liegen läßt und - dem

freien Gelände angepaßt – auf den Sattel Ⓑ rechts (nordöstlich) des Seekarkreuzes, den sog. Rauhalmsattel ansteigt. Vom Sattel links über den Kamm auf den Gipfel des Seekarkreuzes (1601 m, gut 1½ Std. von Schwarzentenn). Bei sicheren Verhältnissen kann man vom Seekarkreuz direkt zur Rauhalm abfahren, sonst hält man sich an die Anstiegsroute. Auf dieser kehrt man auch zum Ausgangspunkt zurück.
Der Weiterweg zum Schönberg führt von der Rauhalm (ca. 1300 m) in südlicher und südwestlicher Richtung auf ein Plateau Ⓒ (»Zinnerleite«) und durch lichten Wald weiter zum westlich gelegenen Verbindungskamm zwischen Seekarkreuz und Schönberg. Am Kamm überwindet man zuerst einen Steilhang, passiert ein Felsentor Ⓓ und erreicht über einen freien Steilhang den Gipfel des Schönberg (1621 m, ca. 300 Hm, 1 Std. von der Rauhalm; schöner Aussichtspunkt). Die steile Ostabfahrt über rund 200 Hm in Richtung Amperthalalm erfordert wieder sichere Verhältnisse. Auf einer breiten Forststraße und über den freien, breiten Westrücken erreicht man mit ca. 180 Hm Gegenanstieg die Hochplatte (1595 m, knapp 1 Std. von Gipfel zu Gipfel).

Abfahrt: Die Abfahrt von der Hochplatte führt zuerst ca. 200 Hm über einen Steilhang nach Osten (Wächte am Gipfel, lawinensichere Verhältnisse erforderlich), dann ca. 200 Hm nach Norden in den Wald und zu dem erstgenannten Plateau Ⓐ, von dem man nach rechts zur Schwarzentennalm schwingt und auf der Forststraße zum Parkplatz an der Winterstube hinausgleitet.

Hochplatte
Schönberg
Rauhalm
Seekarkreuz
A
B
C
D

6 Schildenstein 1611 m

Bayerische Voralpen Ost

Charakteristik: Bekannte, verhältnismäßig kurze Skitour auf einen Vorgebirgsgipfel mit einer zumeist nordseitigen, nahezu lawinensicheren Abfahrt über einen bewaldeten Kamm und Rücken und kurze westseitige Wiesenhänge, einem kurzen Gegenanstieg und einem längeren Flachstück.

Günstige Jahreszeit/Schwierigkeit: Dezember mit März / [1-2]

Anstiegshöhe und -dauer: 800 Hm, 2½ Stunden.

Ausgangs- und Stützpunkt: Parkplatz 2 km westlich von Wildbad Kreuth an der B 307 (Kreuth – Achenpaß), wie beim »Seekarkreuz«, Bushaltestelle (826 m). Kein Stützpunkt auf der Tour.

Anreise: Wie bei Tour 5.

Karten: BLVA, »Mangfallgebirge«, 1:50000. f&b, 321, »Achensee, Rofan, Unterinntal«, 1:50000

Anstieg: Vom Parkplatz an der Winterstube auf die südliche Straßenseite, über eine Brücke und auf einem Almweg, der als Naturrodelbahn dient und oft stark vereist ist, im Wald in einigen großen Schleifen 200 Hm aufwärts. Die nun nicht mehr geräumte Forststraße führt in südlicher Richtung weiter, und man tritt auf flache Almwiesen hinaus, die man in ihrer Länge überquert und zuletzt nach links zur Königsalm Ⓐ (1115 m) und zum nahen Klammbach ca. 20 Hm absteigt (300 Hm, ca. 1 Std. ab P.). Jenseits des Grabens zieht man über Wiesenhänge, sich etwas links haltend, auf den Nordrücken zu und folgt diesem schließlich auf dem Sommerweg nach rechts in den Wald. Dabei hält man sich an die Kammhöhe und weicht ihr gelegentlich nach rechts (Westen) aus. Über diesen Kamm gelangt man auf einen leicht bewaldeten Sattel Ⓑ rechts (westlich) des Schildenstein (ca. 1500 m, rund 1 Std. von der Königsalm). Man wendet sich nach links zum steilen Gipfelaufbau, den man auf den letzten Metern meist zu Fuß von Südwesten her überwindet (1611 m, 2½ Std. ab P.).

Abfahrt: Wie Anstieg.

Schildenstein
B
A

7 Schinderkar
Österreichischer Schinder 1809 m
Bayerischer Schinder 1790 m

Bayerische Voralpen Ost

Charakteristik: Beliebte und relativ kurze Frühjahrsskitour in ein steiles Nordkar. Der Zugang ins Kar erfolgt auf einem Ziehweg, der Gipfelanstieg zuletzt zu Fuß. Lawinensichere Verhältnisse sind Voraussetzung.

Günstige Jahreszeit/Schwierigkeit: April bis Mitte Mai / [2]

Anstiegshöhe und -dauer: 900 Hm, 2½ Stunden.

Ausgangs- und Stützpunkt: An der Verbindungsstraße Enterrottach - Valepp, etwa 1 km nordwestlich der Valepp. Kein Stützpunkt auf der Tour.

Anreise: Über B 307 (Tegernsee) oder B 318 (Bad Wiessee) nach Rottach-Egern und über Enterrottach auf einer Mautstraße bis kurz vor Valepp. Oder über B 307 (Straße Schliersee - Bayrischzell) zum Spitzingsee hinauf.

Karten: BLVA, »Mangfallgebirge«, 1:50000. f&b, 321, »Achensee, Rofan, Unterinntal«, 1:50000

Hinweise: Die Straße vom Spitzingsee zur Valepp ist für Kfz gesperrt. Ab 1. Mai verkehrt ein Linienbus in die Valepp (sowohl vom Tegernsee als auch vom Spitzingsee). Am Spitzingsee kann man sich auch ein Fahrrad ausleihen und mit diesem auf originelle Weise anreisen (ca. 7 km). Über die Öffnung der Mautstraße von Enterrottach in die Valepp gibt das Forstamt Schliersee Auskunft (Tel. 08026/4061), Straßenöffnung etwa ab Ostern, je nach den Verhältnissen.

Anstieg: **Österreichischer Schinder:** Etwa 1 km nordwestlich der Straßengabelung in der Valepp zweigt ein Sträßchen zur Schlagalm und ins Schinderkar ab (Wegweiser), dem man in meist mäßiger Steigung entlang von Wiesenhängen, dann durch den Wald folgt. Nach etwa ¾ Stunden erreicht man den weiten, flachen Karboden. Nun steigt man häufig in einer Trampelspur über den mehr und mehr aufsteilenden, freien Hang und zuletzt durch eine meist vereiste Steilrinne zum scharf eingeschnittenen Schindertor Ⓐ hinauf (ca. 2 Std. ab Straße, Skidepot am besten am Beginn der Rinne). Hinter der Scharte gewinnt man links durch eine steile Latschengasse, dann über den Grat den Gipfel des Österreichischen Schinder (1809 m, ¼ Std. vom Tor).
Bayerischer Schinder: Auch in die Scharte rechts der Felsköpfe des Bayerischen Schinder Ⓑ steigt man vom Karboden an, sofern die Grat-

wächte den Zutritt zur Scharte nicht verhindert. Hinter dieser zu Fuß zum Gipfel. Hierher auch mühsam zu Fuß vom Schindertor (recht anspruchsvolle Varianten!).

Abfahrt: Wie Anstieg.

8 Rofanspitze 2259 m

Seekarlspitze 2261 m

Brandenberger Alpen/Rofangebirge

Charakteristik: In Verbindung mit der Rofanseilbahn eine überlaufene Tagestour mit kurzem Anstieg und langer Abfahrt besonders über Süd-, aber auch Südwest- und Südosthänge, die nicht unterschätzt werden sollten. Lohnender Abstecher zur Seekarlspitze. Nicht lawinensicher.

Günstige Jahreszeit/Schwierigkeit: Mitte Februar bis Mitte März / ↑[1]/↓[2]

Anstiegshöhe und -dauer: 450 Hm, gut 1½ Stunden; einschließlich Seekarlspitze zusätzlich gut 250 Hm, ¾ Stunden.

Ausgangs- und Stützpunkt: Bergstation der Rofanbahn, Erfurter Hütte in unmittelbarer Nähe (1831 m).

Anreise: Inntalautobahn bis Ausfahrt Zillertal/Achensee, dann nach Maurach (Talstation der Rofanseilbahn).

Karten: AV, 6, »Rofan«, 1:25000. ÖK, 119, »Schwaz«, 1:50000; f&b, 321, »Achensee, Rofan, Unterinntal«, 1:50000

Hinweise: Wegen Lawinengefahr in den Hochlagen und rascher Ausaperung der Tallagen weist die Tour nur über einen recht begrenzten Zeitraum gute Verhältnisse auf. Abfahrt: 1650 Hm (1900 Hm mit Seekarlspitze). Zweiter Pkw empfehlenswert.

Anstieg: Von der Bergstation in nordöstlicher Richtung zwischen einem Minilift und einer Alm hinab, den Gschöllkopf ostseitig queren und in einen großen Kessel Ⓐ. Dort gabelt sich der Weg: Links zur Seekarlspitze, rechts zur Rofanspitze über einen muldenförmigen Hang halbrechts hinauf und im Gegenuhrzeigersinn auf einen ausgeprägten Absatz Ⓑ. Den Hang zur Rechten quert man nun ostseitig (Hier ist erneut eine Abzweigung nach links zur Seekarlspitze auf der Abfahrtsroute möglich, recht übersichtlich.) und erreicht über mäßig geneigte Hänge die Grubascharte Ⓒ (2102 m, ca. 1 Std. ab Bergstation). Dahinter nach links und entlang der Südhänge des Rofangrates auf die Rofanspitze (2259 m, gut 1½ Std. ab Seilbahn).
Für den Abstecher zur Seekarlspitze (landschaftlich und skifahrerisch lohnende Spritztour über schöne Südhänge) benötigt man für den Anstieg ca. ¾ Stunden.

Abfahrt: Über den steilen Gipfelhang der Rofanspitze nach Süden auf eine einzelne Hütte Ⓓ zu, noch kurz am Rücken weiter, dann rechts in

Rofanspitze
A
B
C

Seekarlspitze
Seilbahn
C
zur Rofanspitze

einen Graben und an dessen rechtem Hang zur Schermsteinalm Ⓔ Gabelung der Abfahrtsroute: am besten links und über einen Steilhang zur Alpiglalm hinab. Noch ein Stück über Wiesen, danach in einem steilen, von Wald gesäumten Graben bis zu einem Ziehweg. Auf diesem rechts(!) in ein weites Kar und in lichtem Wald, teils Hochwald weiter, anschließend auf einer Forststraße bis zu einem Wiesenboden. Rechts zum Wald und auf einer weiteren Forststraße nach Wiesing. Rückfahrt nach Maurach mit Bus, Taxi oder zweitem Pkw.

9 Stuhljöchl 2157 m

Brandenberger Alpen/Rofangebirge

Charakteristik: Wenig bekannte, landschaftlich reizvolle und technisch unschwierige Skitour mit einer in der oberen Hälfte freien Abfahrt über südwest- und nordwestseitige Hänge, dann durch lichten Wald und zuletzt auf einer längeren Forststraße. Der Gipfelhang ist nicht lawinensicher.

Günstige Jahreszeit/Schwierigkeit: Januar mit März / [2]

Anstiegshöhe und -dauer: Gut 1200 Hm, 3 Stunden.

Ausgangs- und Stützpunkt: Achenseestraße beim Hotel Achenseehof (936 m). Kein Stützpunkt auf der Tour.

Anreise: Inntalautobahn bis Ausfahrt Achensee/Zillertal, dann über Maurach bis vor das Nordportal des langen Tunnels am Ostufer des Achensees. Hierher auch über den Tegernsee oder Lenggries und den Achenpaß.

Karten: AV, 6, »Rofan«, 1:25000. ÖK, 119, »Schwaz«, 1:50000; f&b, 321, »Achensee, Rofan, Unterinntal«, 1:50000

Anstieg: Von der Hauptstraße beim Hotel Achenseehof ostwärts auf einer Almstraße (Ww. »Kotalm, Rofangebirge, Erfurter Hütte«) in knapp 1 Stunde zum Kotalm-Niederleger Ⓐ (1260 m). Unmittelbar vor der Alm links über Wiesen zum Waldrand und durch kleine Lichtungen geradewegs bis zu einer Forststraße (knapp 100 Hm ab Alm). Dieser folgt man ca. 20 Minuten (150 Hm) bis zu einer ausgeprägten Rechtskurve, von deren Scheitel man durch kleine Lichtungen zu den Wiesen des Kotalm-Mittellegers Ⓑ gelangt. Bis hierher könnte man vom Tal auch auf der Almstraße ansteigen (1608 m, gut 1½ Std. ab P.). In dem nach Südosten ziehenden Hochtal zuerst sehr flach weiter, dann auf eine Geländestufe zum verfallenen Kotalm-Hochleger Ⓒ (ca. 1800 m), an dem man nach links schwenkt und über die weit ausladenden, leicht gestuften Idealhänge rund 300 Hm zum verwächteten Grat und über diesen nach rechts zum nahen Gipfel ansteigt (2157 m, 3 Std. ab P.). Auch das etwas niedrigere Kotalmjoch im Nordwesten oder der Stuhlböcklkopf im Südosten lassen sich über den Verbindungsgrat gut erreichen.

Abfahrt: Wie Anstieg.

Stuhljöchl
C
B
A
Achensee

10 (Achenseer) Hochplatte 1815 m

Karwendelgebirge

Charakteristik: Bescheidene und bei vernünftiger Routenführung nahezu schneebrettsichere Skitour am Nordostrand des Karwendels mit überwiegend ostseitiger Abfahrt über leicht bewaldete Hänge, Almwiesen und eine längere Forststraße.

Günstige Jahreszeit/Schwierigkeit: Dezember bis März / [1]

Anstiegshöhe und -dauer: Gut 900 Hm, reichlich 2½ Stunden.

Ausgangs- und Stützpunkt: Achenkirch-Achental, ca. 890 m.

Anreise: Inntalautobahn – Achensee – Achenkirch. Oder Tegernsee – Achenpaß – Achenkirch. Oder Lenggries – Sylvensteinsee – Achenkirch.

Karten: ÖK, 88, »Achenkirch«, 1:50000. f&b, 321, »Achensee, Rofan, Unterinntal«, 1:50000

Anstieg: Am nördlichen Ortsende von Achenkirch (Achental) zweigt nahe dem Cafe-Restaurant »Tirolerland« in westlicher Richtung eine Straße ab (grüner Ww. »Karwendelweg, Falkenmoosalm, Hochplatte«), die in einem sehr weiten Links-Bogen zu einer Straßengabelung ca. 100 Hm über dem Parkplatz führt. Hierher auch über die Wiesen nördlich des Cafes. Nun auf einer Forststraße (Schranken) scharf rechts weg und in mäßiger Steigung kurz über Wiesen, anschließend durch den ausgedehnten Waldgürtel. Einige Abzweigungen nach rechts bleiben unberücksichtigt. Bei einer späteren Gabelung (200 Hm ab P.) folgt man dem rechten Weg (Ww. »Falkenmoos«) und tritt etwa 300 Hm ab dem Parkplatz auf ein Plateau hinaus Ⓐ (Jägerstand zur Linken). Der Vorgipfel der Hochplatte wird sichtbar. Der Wald lichtet sich und geht dann ganz zurück. Über leicht gestufte, mäßig geneigte Wiesen erreicht man die Falkenmoosalm Ⓑ (1328 m, 1¼ Std. ab P.). Hinter der Alm steigt man 150 Hm über Wiesen und einen lichtbewaldeten Hang zum Nordkamm Ⓒ der Hochplatte. Dort zweigt die Juifen-Route ab. Zur Hochplatte folgt man dem Kamm nach links. Über eine leicht bewaldete Steilstufe, ein längeres, wesentlich flacheres Stück und einen erneuten Steilaufschwung (evtl. zu Fuß) erreicht man den Vorgipfel und über ein flaches Gratstück das Gipfelkreuz (1815 m, gut 2½ Std.).

Abfahrt: Entweder wie Anstieg. Oder unterhalb des Vorgipfels über Wiesen und durch lichten Baumbestand nordostwärts bis zu einer Forststraße hinab und auf dieser links zur Falkenmoosalm Ⓑ hinüberqueren. Von dort wie Anstieg.

Hochplatte
VG
C
B
A

11 Rappenklammspitze 1835 m

Hochalplkopf 1771 m

Karwendelgebirge

Charakteristik: Eine bescheidene Tour in einen versteckten Winkel des Karwendels, jedoch mit einem schneidigen Gipfelaufbau. Die Abfahrt führt über Südosthänge und eine längere Forststraße. Nicht lawinensicher.

Günstige Jahreszeit/Schwierigkeit: Januar bis März / Rappenklammspitze [2], Hochalplkopf [1]

Anstiegshöhe und -dauer: 900 Hm, davon etwa 850 Hm mit Ski, 2½ Stunden.

Ausgangs- und Stützpunkt: Hinterriß (944 m). Kein Stützpunkt auf der Tour.

Anreise: Von Bad Tölz oder von Tegernsee bzw. vom Achensee über den Sylvensteinspeicher nach Vorderriß und Hinterriß. Oder von Garmisch bzw. Mittenwald über Wallgau nach Vorder- und Hinterriß.

Karten: AV, 5/2, »Karwendelgebirge« Mittel. Blatt, 1:25000. BLVA, »Karwendelgebirge«, 1:50000. f&b, 323, »Karwendel«, 1:50000

Anstieg: Von Hinterriß, die Zollwachabteilung (Wirtshaus) rechts liegen lassend, nach Westen in das rechte der hier abzweigenden Seitentäler, das Rohntal. Den Zugang in das bewaldete Tal vermittelt eine Forststraße, die zuerst in zwei Schleifen eine Geländestufe überwindet, dann recht flach in den eindrucksvollen Kessel mit der Rohntalalm führt Ⓐ (1262 m, gut 300 Hm und etwa 3 km ab Hinterriß), über der sich das Felsspitzl der Rappenklammspitze zeigt. Hinter der Alm halbrechts über einen steilen, schütter bewaldeten und von zwei engen, tiefen Bachläufen begrenzten Südosthang gut 300 Hm auf ein Köpfl Ⓑ empor und anschließend in den Sattel Ⓒ zwischen Rappenklammspitze und Hochalplkopf. Nun am Grat nach links auf eine Schulter Ⓒ (Skidepot) und zuletzt noch knapp 50 Hm zu Fuß steil und teilweise etwas luftig auf den kleinen Gipfel (1835 m, gut 2½ Std. ab P.). Die letzte Passage kann unter Umständen recht unangenehm sein.

Abfahrt: Wie Anstieg. Man kann auf dem Rückweg vom Sattel noch zum Hochalplkopf aufsteigen (10 Min.). Bei der Abfahrt von diesem Gipfel halte man sich nach dem obersten Hang an die Aufstiegsspur!

Rappenklammspitze
D
C
B
Hochalplkopf
A

12 Hochglückscharte 2387 m

Karwendelgebirge

Charakteristik: Landschaftlich und skifahrerisch prächtige Frühjahrstour in ein Hochkar im Bereich des Großen Ahornbodens mit freien, gestuften, teilweise steilen Nordhängen, die stabile Schneeverhältnisse voraussetzen.

Günstige Jahreszeit/Schwierigkeit: April mit Mai / [2]

Anstiegshöhe und -dauer: 1150 Hm, knapp 3 Stunden.

Ausgangs- und Stützpunkt: Eng im Großen Ahornboden (1218 m). Kein Stützpunkt auf der Tour, lediglich das »Wirtshaus in der Eng« am Ausgangspunkt.

Anreise: Bad Tölz – Sylvensteinspeicher – Vorderriß – Hinterriß – Eng. Siehe Tour Nr. 11!

Karten: AV, 5/2, »Karwendelgebirge«, Mittl. Blatt, 1:25000. f&b, 323, »Karwendel«, 1:50000

Hinweise: Die Mautstraße in die Eng ist erst etwa ab Mai frei! Um gute Abfahrtsverhältnisse vorzufinden, wird früher Aufbruch empfohlen. Harscheisen mitnehmen.

Anstieg: Vom »Wirtshaus in der Eng« etwa ¼ Stunde zuerst kurz auf einem Straßl, dann über die nahezu ebenen Wiesen in südwestlicher Richtung unter die Spritzkar- und Eiskarlspitze. Rechts eines breiten Grabens steigt man zu dem schon von unten sichtbaren, würfelförmigen »Brotzeitfelsen« Ⓐ auf der breiten Rampe unmittelbar unter den Felswänden an (knapp 400 Hm, gut 1 Std. ab P.). Auf der Rampe quert man nach links (Osten) und erreicht einen zwischen zwei schmalen Felsengürtel eingelagerten Hang, über den man in gleicher Richtung ansteigt und gut 300 Hm über dem Brotzeitstein einen Absatz Ⓑ mit einigen verstreut stehenden jungen Lärchen erreicht. Die beiden Hochglückscharten mit dem Schartenturm werden sichtbar (ca. 1½ Std. ab P.). Man wendet sich nun nach rechts (Süden) und gelangt über einen gestuften Rücken nach weiteren 150 Hm in das eigentliche Hochglückkar (etwa 1950 m). Über die weiten, übersichtlichen Hänge des Kares strebt man direkt der westlichen (rechten) Hochglückscharte zu, die man zuletzt meist zu Fuß durch eine Steilrinne erreicht (2387 m, knapp 3 Std. ab P.).

Abfahrt: Wie Anstieg.

Hochglückscharten
B
A

13 Pleisenspitze 2567 m

Karwendelgebirge

Charakteristik: Beliebte und etwas anstrengende Tagestour auf einen aussichtsreichen Gipfel des westlichen Karwendelgebirges mit südwest- und südseitiger Abfahrt, die bis zur Pleisenhütte über freie Hänge, danach durch einen breiten Waldgürtel führt, den man auf Schneisen und Forststraßen überwindet (Firntour). Die Lawinengefahr ist mäßig.

Günstige Jahreszeit/Schwierigkeitsgrad: Januar mit April / [2]

Anstiegshöhe und -dauer: 1600 Hm, knapp 5 Stunden.

Ausgangs- und Stützpunkt: Scharnitz, Parkplatz am Ortsende an der Hinterautalstraße (964 m). Die Pleisenhütte auf 1757 m ist ab Silvester an den Feiertagen und Wochenenden bewirtschaftet (Tel. von Österreich 05213/5491, Hüttenwirt T. Gaugg).

Anreise: Über Mittenwald nach Scharnitz. Oder Inntalautobahn bis Zirl, dann über den Zirlerberg nach Scharnitz. An der Kirche über die Hinterautalstraße zum Parkplatz am Ortsrand. Ab hier besteht Fahrverbot.

Karten: AV, 5/1, »Karwendelgebirge«, Westl. Blatt, 1:25000. f&b, 323, »Karwendel«, 1:50000

Anstieg: Vom Parkplatz am Eingang ins Hinterautal auf der Asphaltstraße gut 1 km talaufwärts bis zu einem weiteren Parkplatz. Hier oder kurz dahinter (Ww. »Pleisenhütte«) links abzweigen und auf einer Forststraße auf einen Absatz, anschließend ein längeres Stück nahezu eben durch den Wald und zu einer Jagdhütte (200 Hm ab P.), an der das Sträßchen einen Rechts-Bogen macht und in einen Graben führt. Unmittelbar links des Grabens steil durch den Wald hinauf oder auf der Forststraße weiter, bis beide Routen auf ca. 1350 m wieder zusammentreffen. Im Bereich des Sommerweges und entlang von Lichtungen steigt man nun 300 Hm empor und quert am Ansatz eines steilen, latschenbewachsenen Hanges weit nach rechts, bis man hinter einem Eck des Vorderen Pleisengrates unvermittelt vor der Pleisenhütte Ⓐ (1757 m) steht (gut 2½ Std. ab P.). Man hält sich schräg rechts in das Vorderkar Ⓑ hinauf und schwenkt nach 200 Hm nach rechts auf den Hinteren Pleisengrat Ⓒ. Zuerst steigt man auf seinem breiten Rücken, dann in der riesigen Steilflanke links des Grates zu einer Kammverflachung und zuletzt über einen erneuten Aufschwung zum Skidepot an. Die letzten ca. 20 Hm zum Gipfelkreuz überwindet man gewöhnlich zu Fuß (2567 m, 2 Std. ab Hütte, knapp 5 Std. ab P.). Im oberen Teil des Hinteren Pleisengrates achte man auf ostseitige Wächten!

Abfahrt: Wie Anstieg.

Pleisenspitze
C
B
A

14 Staffkogel 2115 m
15 Sonnspitze 2062 m

Kitzbüheler Alpen

Charakteristik: Prächtige Skiberge im hintersten Glemmertal mit freien Süd- bzw. Südosthängen, auf denen man die Lawinengefahr nicht unterschätzen darf. Schön bei Pulverschnee, am besten aber erst zur Firnzeit. Die Sonnspitze steht dem Galaskiberg Staffkogel nicht viel nach. Beide sind auch an einem Tag zu bewältigen.

Günstige Jahreszeit/Schwierigkeit: Dezember mit April, am besten ab März / Staffkogel [2], Sonnspitze [1–2]

Anstiegshöhe und -dauer: Staffkogel: 950 Hm, 2½ Stunden. Sonnspitze: 900 Hm, 2½ Stunden. Beide zusammen ca. 1500 Hm.

Ausgangs- und Stützpunkt: Hinterster Parkplatz im Glemmertal bei Lengau (1160 m). Kein Stützpunkt auf der Tour, jedoch in großer Zahl im Tal.

Anreise: Von der Staatsstraße Saalfelden – Zell am See zweigt man in westlicher Richtung in das Skigebiet Saalbach-Hinterglemm ab und fährt bis zum Ende der für den Verkehr freigegebenen Talstraße.

Karten: ÖK, 122, »Kitzbühel«, 1:50000. f&b, 382, »Zell am See, Kaprun, Saalbach«, 1:50000

Hinweis: Harscheisen mitnehmen.

Anstieg: Vom Parkplatz am Ende der geräumten Straße auf einer Loipe oder auf der Straße selbst taleinwärts und durch einen Waldstreifen (Brücke Ⓐ). Dahinter nach rechts und zuerst über Wiesen, anschließend durch einen Erlengürtel (verdeckter Ziehweg links!) auf steile Wiesen hinauf, über die man eine schon vom Tal aus sichtbare Alm Ⓑ erreicht. Rechts an ihr vorbei und noch ca. 50 Hm hinauf, wo sich der Weg teilt (1 Std. ab P.).
Zum Staffkogel zuerst in gleicher Richtung, dann leicht links haltend bis unter den mächtigen Gipfelaufbau, an dem man auf einer zunächst breiten Rampe Ⓒ, danach steil um eine Geländekante (ca. 700 Hm ab P.) nach links queren kann. Dahinter gelangt man in einen Graben, der schließlich in einer ausgeprägten Senke endet Ⓓ. Nun nach rechts und über steile Hänge zuerst ost-, später nordwärts zum Gipfel (2½ Std. ab P.).
Zur Sonnspitze quert man ca. 50 Hm oberhalb der Alm, wenn die Hänge vorübergehend etwas abflachen, nach rechts. Dabei halte man sich wegen der erhöhten Lawinengefahr aus der Staffkogel-Ostflanke

Staffkogel
Sonnspitze
F
D
C
E
B
A

nicht zu hoch. Nur mäßig steigend erreicht man schließlich die Eibing-Hochalm Ⓔ. Ganz dem Gelände angepaßt zieht man zum Henlabjoch Ⓕ (1863 m) und in ½ Stunde über den Kamm zur Sonnspitze, zuletzt meist zu Fuß (2062 m, 2½ Std. ab P.).

Anstiegs- und Abfahrtsspur am Gamskopf
in den Kitzbüheler Alpen (Inneralpbach)

Abfahrt: In beiden Fällen wie Anstieg. Vom Staffkogel auch über den steilen Osmanrücken und die Lindingalm. Von der Sonnspitze besteht die Möglichkeit, zuerst ostseitig, dann nach Süden zur Eibing-Hochalm abzufahren.

16 Schusterkogel 2208 m

Kitzbüheler Alpen

Charakteristik: Beliebte Skitour für den ganzen Winter im hintersten Glemmertal, bei der die Lawinengefahr in einigen Steilstufen nicht unterschätzt werden darf. Die Abfahrt führt über schöne Ost- und Südosthänge sowie eine breite Forststraße.

Günstige Jahreszeit/Schwierigkeit: Dezember mit April / [2]

Anstiegshöhe und -dauer: 1050 Hm, knapp 3 Stunden.

Ausgangs- und Stützpunkt: Hinterster Parkplatz im Glemmertal bei Lengau (1160 m). Kein Stützpunkt auf der Tour.

Anreise: Von der Staatsstraße Saalfelden - Zell am See zweigt man in das bekannte Skigebiet Saalbach-Hinterglemm ab und fährt bis zum Ende der für den Verkehr freigegebenen Talstraße.

Karten: ÖK, 122, »Kitzbühel«, 1:50000. f&b, 382, »Zell am See, Kaprun, Saalbach«, 1:50000

Anstieg: Unmittelbar hinter dem Parkplatz links über eine Brücke und anschließend wieder links über Wiesen zum Waldrand und zur Forststraße, die man hinter der Brücke verlassen hat. Auf der Straße zur Saalhofalm Ⓐ im Vogelalpgraben (ca. 1360 m, ¾ Std. ab P.). Auf der Seite der Alm noch gut 100 m flach taleinwärts, dann in gleicher Richtung schräg empor und unmittelbar am Waldrand über einen Graben und auf einem Ziehweg Ⓑ durch den Waldstreifen. Dahinter holt man in gleicher Richtung noch ein kleines Stück aus, ehe man hinter einem weiteren Waldstreifen über einen Steilhang ansteigt. Dieser legt sich bald zurück. Nun über Almwiesen schräg links aufwärts, an der Saalhof-Hochalm Ⓒ rechts vorbei und zur versteckten Zehentner-Hochalm Ⓓ (ca. 1760 m, 1 Std. ab Vogelalpgraben). Hier quert man nach links, überschreitet an geeigneter Stelle einen Graben und erreicht über freie Hänge den weiten Kessel Ⓔ östlich des Schusterkogel. Über eine Steilstufe nach links auf eine Terrasse unter dem Gipfelaufbau Ⓕ. Erneut links auf die Gratschulter hinaus. Zuletzt über den Südostgrat an die kleine, steile Kuppe heran und in wenigen Minuten zu Fuß gerade oder mit den Skiern nach links ausholend zum Gipfelkreuz (2208 m, etwa 3 Std. ab P.).

Abfahrt: Wie Anstieg.

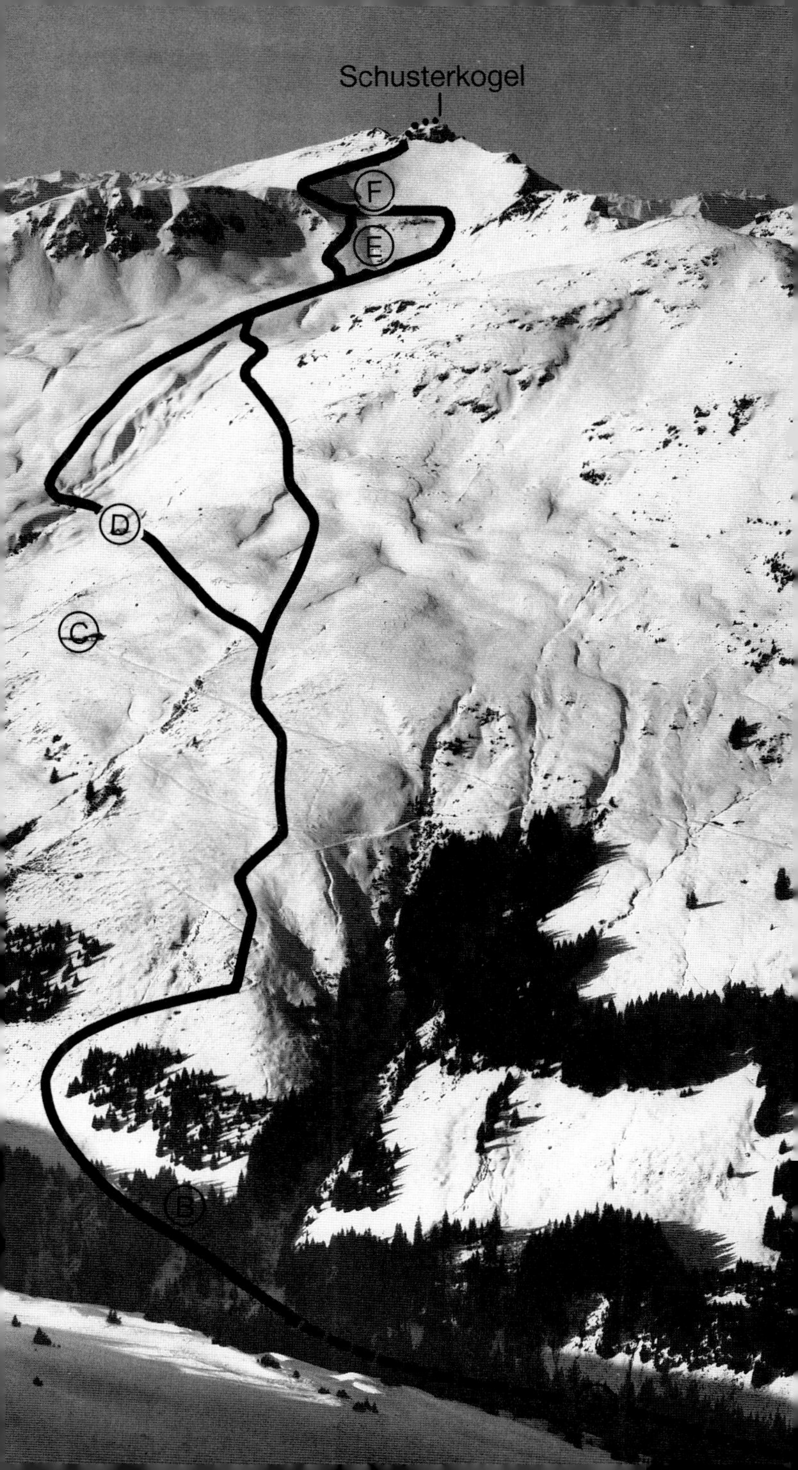
Schusterkogel
F
E
D
C
B

17 Gernkogel 2267 m

Kitzbüheler Alpen

Charakteristik: Einfache und bei geschickter Routenführung ziemlich lawinensichere Tour auf einen schönen Aussichtspunkt. Überwiegend ostseitige Abfahrt über freie Hänge und zuletzt auf einer breiten Forststraße. Bei reichlicher Schneelage Fortsetzung über südseitige Wiesen möglich.

Günstige Jahreszeit/Schwierigkeit: Dezember mit März / [1]

Anstiegshöhe und -dauer: 1000 Hm bis gut 1200 Hm, 2½ bis 3½ Stunden.

Ausgangs- und Stützpunkt: Höchstgelegener Hof von Vorderwaldberg (1260 m). Kein Stützpunkt auf der Tour.

Anreise: Paß Thurn – Mittersill – Neukirchen – Wald, dort die alte Gerlosstraße 1,3 km, danach rechts abbiegen nach Vorderwaldberg bis maximal auf 1260 m (zuletzt Ww. »Wurfalm«, 1 a).

Karten: ÖK, »Neukirchen am Großvenediger«, 1:50000. f&b, 121, »Großvenediger, Oberpinzgau«, 1:50000

Hinweise: Bei ausreichender Schneelage lohnt es sich, nur ein Stück nach Vorderwaldberg hinaufzufahren, um bei der Abfahrt die schönen Wiesenhänge nutzen zu können. Beschränkte Parkmöglichkeit beim höchsten Bauer.

Anstieg: Vom höchstgelegenen Bauernhof auf einer Forststraße zur Wurfalm (ca. 1600 m, etwa 340 Hm ab Bauer). Der Weg zur Wurfalm ist deutlich kürzer, wenn man an der dritten Kehre (Rechtskehre) oberhalb des Bauern die Forststraße links verläßt, aber ihr noch ein kurzes Stück parallel folgt(!) und auf dem alten Almweg in Kehren in angenehmer Steigung den Waldgürtel überwindet. An der Wurfalm trifft man wieder auf die Forststraße. Von hier Ⓐ läßt sich die weitere Anstiegsroute zum Gernkogel gut überblicken. Sie führt in mehreren Stufen über schöne, freie Osthänge – auf knapp halber Höhe an zwei Hütten vorbei – zum Gipfel. Landschaftlich am schönsten ist die Route in der Nähe der schwach ausgeprägten Geländekante zwischen den Ost- und Südhängen. Da bei labilen Schneeverhältnissen vor allem in der oberen Hälfte Schneebrettgefahr besteht, weicht man zur Sicherheit in weitem Rechts-Bogen in Richtung Laubkogel aus und betritt den Gernkogel über dessen Nordgrat (2267 m, 1½ Std. ab Wurfalm).

Abfahrt: Wie Anstieg. Den Waldgürtel überwinde man in jedem Fall auf der Forststraße! Fortsetzung der Abfahrt ins Tal ist möglich.

Gernkogel
A

18 Kuhkaser 2054 m

Kitzbüheler Alpen

Charakteristik: Beliebte Skitour über steile, weitgehend hindernislose Almwiesen und einen zuletzt welligen Kamm auf einen aussichtsreichen Gipfel. Die nord- bis westseitige Abfahrt bedarf sicherer Verhältnisse.

Günstige Jahreszeit/Schwierigkeit: Dezember mit März / [2]

Anstiegshöhe und -dauer: 1100 Hm, 3 Stunden.

Ausgangs- und Stützpunkt: Wirtshaus »Alte Wacht« (967 m) an der Nordauffahrt zum Paß Thurn, etwa 2½ km südlich von Jochberg. Kein Stützpunkt auf der Tour.

Anreise: Über St. Johann, Kitzbühel und Jochberg. Oder über Mittersill und den Paß Thurn.

Karten: ÖK, 122, »Kitzbühel«, 1:50000. f&b, 382, »Zell am See, Kaprun, Saalbach«, 1:50000

Hinweise: Auch nach dem Ausbau der Paß-Thurn-Straße kann die Parkmöglichkeit an der »Alten Wacht« beschränkt sein. Man weiche u. U. in den Talgrund aus.

Anstieg: Vom Wirtshaus »Alte Wacht« auf einem Sträßchen südlich in den Talboden hinab, über die Brücke und über Wiesen in südöstlicher Richtung zur Spitaleralm Ⓐ (1146 m, ½ Std. ab P.). Am bequemsten nun auf einem Almstraßl in einer Rechts-Links-Schleife zur Hörgeralm Ⓑ (350 Hm, 1 Std. ab P.). Jetzt rechts ziemlich steil empor oder in einem Links-Rechts-Bogen durch einen Waldstreifen, wieder auf freie Hänge und zu einer Schulter Ⓒ hinauf (900 Hm, 1¼ Std. ab P.), von der man den Vorgipfel erblickt. In einer Mulde über den Nordwestkamm (lichter Baumbestand) bis unter die Felsen, auf die Kammhöhe (VG 2002 m) und zuletzt nach links über einige kleine Kuppen ohne wesentlichen Höhenunterschied zum Gipfel (2054 m, 3 Std. ab P.).

Abfahrt: Wie Anstieg.

HG
Kuhkaser
VG
C
B
A
Alte Wacht

19 Großer Schütz 2069 m

Kitzbüheler Alpen

Charakteristik: Lichtungen und von Waldstreifen gegliederte Almwiesen gestalten die Tour zum Großen Schütz zwar etwas unübersichtlich, doch nicht weniger lohnend. Die besonders im oberen Drittel recht steilen Westhänge erfordern sichere Verhältnisse.

Günstige Jahreszeit/Schwierigkeit: Dezember mit März / [2]

Anstiegshöhe und -dauer: Gut 1150 Hm, 3 Stunden.

Ausgangs- und Stützpunkt: Jochberg (ca. 900 m). Parkplatz am Wagstätt-Lift im Ortsbereich. Kein Stützpunkt auf der Tour.

Anreise: St. Johann – Kitzbühel – Jochberg. Oder über Mittersill-Paß Thurn.

Karten: ÖK, 122, »Kitzbühel«, 1:50000. f&b, 382, »Zell am See, Kaprun, Saalbach«, 1:50000

Hinweis: Östlich der Straße gegenüber dem Lift parken!

Anstieg: Auf der Südseite des Parkplatzes führt jenseits eines kleinen Grabens ein Weg in das Tal hinab (gut 20 Hm ab P.). Auf der anderen Bachseite (Brücke) geradeaus oder links an Häusern vorbei auf Wiesen hinauf, über diese schräg links zu einer Straße und zu einer Straßengabelung Ⓐ. Hierher evtl. auch mit dem Auto (beschränkte Parkmöglichkeit!). Unmittelbar hinter der Straßengabelung über Wiesen schräg links zum Waldrand empor und in einer kleinen Rinne oberhalb der »Jausenstation – Pension Künstler« Ⓑ noch ca. 10 Hm, dann auf einem Weg rechts(!) durch den Wald zu einem Haus (Iseng) Ⓒ. Über Wiesen zu einer Hütte bei einer Fichtengruppe (Gatter) und zum Waldrand, an dem man links einen guten Durchschlupf Ⓓ findet und dahinter auf eine Wiese mit einzelnen Ahornbäumen trifft. Über diese schräg links und auf einem Weg durch den Waldstreifen (Querung eines Materiallifts) auf weites Almgelände Ⓔ hinaus (gut 300 Hm ab Talboden, knapp 1 Std. ab P.). Über schöne Wiesen rechts des Materialaufzugs und zu einer einzelnen Hütte Ⓕ, knapp 500 Hm ab Talboden. Nun nach rechts und durch einen kleinen, von Bäumen gesäumten Graben. Dahinter schräg rechts über Wiesen zur Waldhausalm Ⓖ (ca. 1470 m, 1½ Std. ab P.). Links von ihr über steiler werdende Hänge in die Nähe der Schützalm Ⓗ (1680 m), links auf den Nordgrat hinaus und über diesen zum Gipfel (2069 m, 3 Std. ab P.).

Abfahrt: Wie Anstieg. Im unteren Drittel hält man sich jedoch am besten in der Nähe des Materialaufzuges!

Gr. Schütz
H
G
F
E
D
C
B
A

20 Schwarzkogel 2030 m

Kitzbüheler Alpen

Charakteristik: Vielbesuchter und mit Stangen markierter Skiberg mit einer nordwestseitigen Abfahrt über Almwiesen und breite Schneisen. Wegen des starken Besuches vom nahen Pistengebiet am Pengelstein oft pistenartige Verhältnisse. Auch für Tourenneulinge geeignet.

Günstige Jahreszeit/Schwierigkeit Dezember mit März / 1–2

Anstiegshöhe und -dauer: Gut 1000 m, 2½ Stunden.

Ausgangs- und Stützpunkt: Parkplatz am Lift in Aschau/Spertental (1014 m). Die Oberlandhütte in Aschau ist während der Skitourenzeit geöffnet.

Anreise: Über Kitzbühel oder Inntalautobahn (Ausfahrt Wörgl-Ost) – Hopfgarten – Westendorf nach Kirchberg, hier ca. 8 km nach Süden in das Spertental (Aschau).

Karten: ÖK, 121, »Neukirchen am Großvenediger«, 122, »Kitzbühel«, beide 1:50000. f&b, 381, »Alpbach, Wildschönau, Brixental«, 1:50000

Hinweis: Der bequemste Zugang zum Schwarzkogel besteht über die Liftanlagen des Pengelstein.

Anstieg: Vom Skilift im Dorf steigt man links der Lifttrasse oder in einem weiten Bogen im Gegenuhrzeigersinn über die Piste zur Bergstation hinauf (ca. 200 Hm, Skiroute – Markierung 31). Nun etwas nach links, anschließend durch eine breite Waldschneise Ⓐ zu einem querverlaufenden Ziehweg empor (ca. 370 Hm ab Tal). Den darüber sich aufbauenden, leicht bewaldeten Felsriegel Ⓑ kann man über einen Rücken rechts umgehen oder etwas länger und bequemer auf der linken Seite. An der Kleinmoosalm, auf einer breiten Schulter über dem Felsriegel, treffen beide Anstiegsrouten wieder zusammen (1622 m). Den folgenden, mächtigen Felskopf quert man links an seiner Nordseite. Dahinter steigt man rechts zu einem Sattel Ⓒ an, über den steilen Rücken links zum Vorgipfel und auf einem breiten Kamm zum Gipfel (2030 m, ca. 2½ Std. ab P.).

Abfahrt: Es bestehen zwei Möglichkeiten: Die Abfahrt nach Aschau, entlang der beschriebenen Anstiegsroute, ist oft pistenartig eingefahren. Eine steile Abfahrt, die lawinensicherer Verhältnisse bedarf, führt etwas unterhalb des Vorgipfels nach Südwesten zur Kloo-Alm Ⓓ und weiter in den Oberen Grund hinab. Über die Talstraße erreicht man nach ca. 2 km Aschau.

Schwarzkogel
C
B
A
Aschau

21 Brechhorn 2031 m

Kitzbüheler Alpen

Charakteristik: Einer der beliebtesten Kitzbüheler Skiberge (Hausberg der Oberlandhütte) mit schönen Wiesenhängen in östlicher und nordöstlicher Richtung. Im oberen Teil ein Flachstück und ein kurzer Gegenanstieg. Im Kammbereich nicht lawinensicher.

Günstige Jahreszeit/Schwierigkeit: Dezember bis März / [2]

Anstiegshöhe und -dauer: 1050 Hm, gut 2½ Stunden.

Ausgangs- und Stützpunkt: Aschau im Spertental – Oberlandhütte (1006 m).

Anreise: Über Wörgl und Hopfgarten oder über Kitzbühel nach Kirchberg, dort zweigt eine 8 km lange Sackstraße nach Aschau ab. Parkmöglichkeit an und hinter der Oberlandhütte.

Karten: f&b, 381, »Alpbach, Wildschönau, Brixental«, 1:50000. ÖK, 121, »Neukirchen am Großvenediger«, 1:50000

Hinweis: Vom Brechhorn wird häufig der Übergang zum südlich gelegenen Floch ausgeführt.

Anstieg: Vom Parkplatz am Eingang in den Unteren Grund, ca. 400 m hinter der Oberlandhütte, gleich rechts über die Brücke zur nahen Durach-Grundalm Ⓐ. Dahinter über den steilen Südosthang empor, dann mäßig steil in einem weitgezogenen Bogen oberhalb eines Heustadels Ⓑ zuerst in nördlicher, dann westlicher Richtung zu einem Waldstreifen hinauf. Hier links schwenken und über Wiesen zur Durach-Hochalm Ⓒ (1413 m, 1 Std. ab P.). Nun unterhalb des Waldes rechts (Norden) aufwärts und hinter dem Wald über gut gestuftes Gelände gegen Westen zum Kamm und auf diesem oder etwas links darunter auf das Durachköpfl Ⓓ (1774 m, knapp 2 Std. ab P.). In kleinen Wellen ohne Höhengewinn auf der Kammhöhe zur Breitlaabalm und an den Vorgipfel des Brechhorns. Zuerst in einer Mulde an seiner Ostseite aufwärts, danach auf einem Absatz um die Südflanke herum und dahinter in eine Senke hinab. Von hier rechts zum Ostgrat des Brechhorns und auf ihm oder etwas links davon zum Gipfel (2031 m, gut 2½ Std. ab P.).

Abfahrt: Wie Anstieg. Im Falle eines Übergangs zum Floch fährt man zuerst am Ostgrat ein Stück zurück, anschließend über die Südhänge zur Wirts-Hochalm hinab und rund 400 Hm zum Floch hinauf. Für die Abfahrt vom Floch in den Unteren Grund gibt es mehrere Möglichkeiten. Die Hänge, vielfach von Waldstreifen unterbrochen, sind jedoch stärker durch Lawinen gefährdet als die des Brechhorn.

SG
Floch
NG
VG
Brechhorn
D
C
B
A
P
Oberlandhütte

22 Tanzkogel 2097 m

Kitzbüheler Alpen

Charakteristik: Ein 3 km langer »Talhatscher« hält sicherlich manchen von der Skitour zum Tanzkogel mit seinen freien, ost- und nordostseitigen Hängen ab. Stellenweise nicht lawinensicher!

Günstige Jahreszeit/Schwierigkeit: Dezember mit März / [2]

Anstiegshöhe und -dauer: Knapp 1100 Hm, 3½ Stunden.

Ausgangs- und Stützpunkt: Aschau im Spertental, Parkplatz am Beginn des Unteren Grundes, 400 m hinter der bewirtschafteten Oberlandhütte (1006 m).

Anreise: Über Wörgl und Hopfgarten oder über Kitzbühel nach Kirchberg, von dort noch 8 km nach Aschau.

Karten: ÖK, 121, »Neukirchen am Großvenediger«, 1:50000. f&b, 381, »Alpbach, Wildschönau, Brixental«, 1:50000

Anstieg: Vom Parkplatz hinter der Oberlandhütte auf dem Talsträßchen etwa 3 km in den Unteren Grund, in dem man hinter dem Sommerparkplatz »Hintenbach« auf ein kleines Waldstück trifft. An der Linkskurve oberhalb des Wäldchens zweigt man nach rechts zur gut sichtbaren Laabalm ab Ⓐ (1264 m, gut 1 Std., ab P.). Nun quert man die Osthänge des Gerstinger Jochs in südlicher Richtung aufwärts und trifft bald auf die Angereralm Ⓑ, hinter der nach rechts die Ostroute zum Gestinger Joch (Schneebrettgefahr!) abzweigt. Zum Tanzkogel geht man ziemlich höhengleich weiter, passiert zwei Heuhütten und gleitet in den Graben Ⓒ zwischen Gerstinger Joch und Tanzkogel hinab, den man auf einer Höhe von etwa 1550 m überschreitet (2 Std. ab P.). Jenseits des Grabens steigt man zuerst etwa 150 Hm in einem mit Lichtungen durchsetzten Waldgürtel und schließlich über einen freien, steilen Hang in gleicher Richtung an und erreicht auf etwa 1850 m einen deutlichen Absatz Ⓔ nordöstlich des Tanzkogels. Hier wendet man sich nach links und gewinnt über eine mäßig geneigte, muldenförmige Rampe den Ostgrat Ⓕ des Tanzkogels. Den restlichen Weg zum Gipfel bewältigt man über den meist verblasenen Grat oder bequemer in der Südflanke, etwas unterhalb des Grates (2097 m, 3½ Std. ab P.).

Abfahrt: Wie Anstieg. Um den leichten Gegenanstieg zur Angereralm zu vermeiden, kann man auch rechts Ⓓ in den Talboden hinabschwingen. Die Rückfahrt durch den Unteren Grund zur Oberlandhütte ist weitgehend eine angenehme Gleitstrecke.

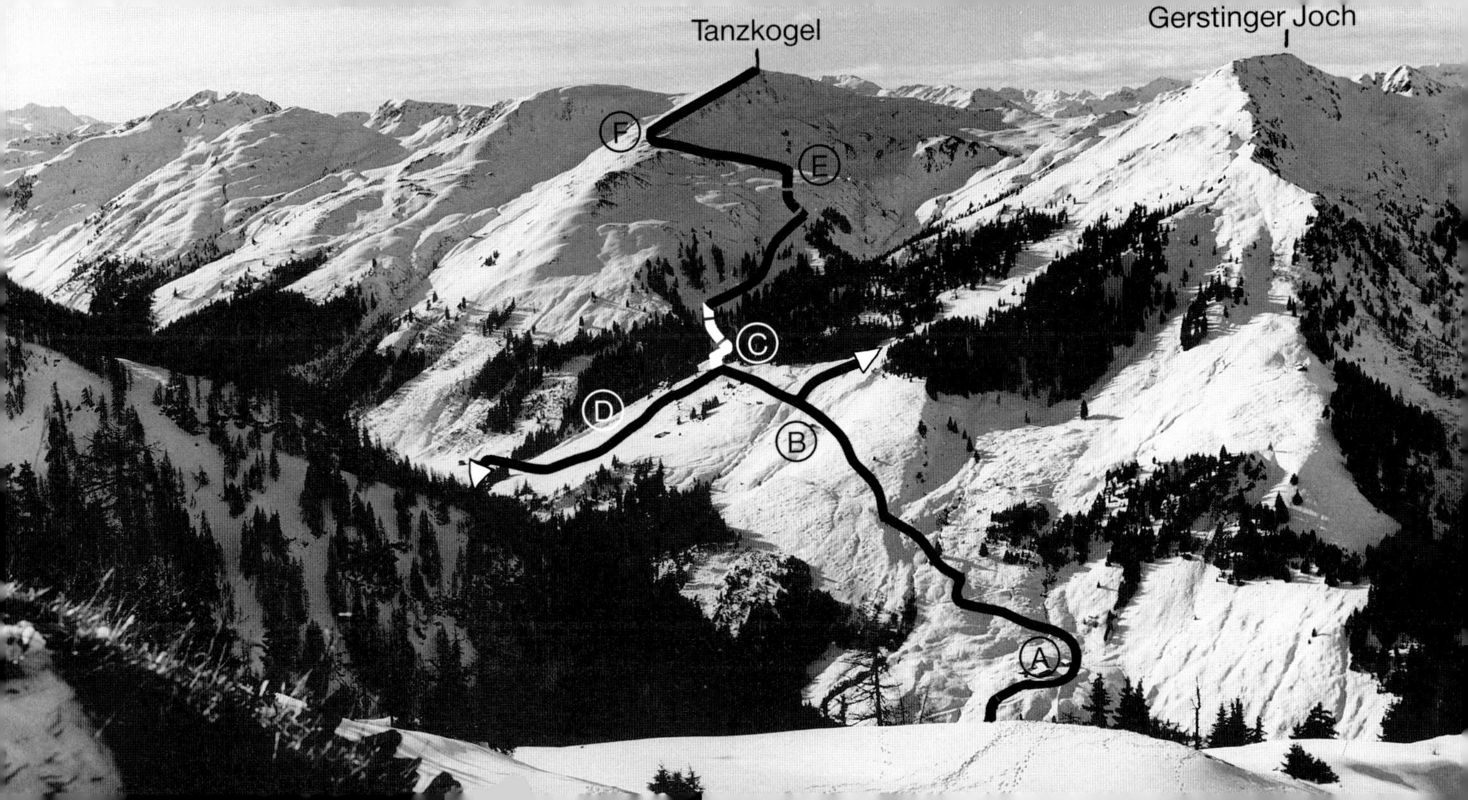
Tanzkogel
Gerstinger Joch
F
E
C
D
B
A

23 Lodron (Nordgipfel) 1901 m

Hartkaserkopf ca.1680 m

Kitzbüheler Alpen

Charakteristik: Bekannte und beliebte Skitouren mit mehreren Anstiegs- und Abfahrtsvarianten über freie Almböden. Die Abfahrt ins Windautal ist bei vernünftiger Geländewahl nahezu lawinensicher.

Günstige Jahreszeit/Schwierigkeit: Dezember mit März / Lodron [2], Hartkaserkopf [1]

Anstiegshöhe und -dauer: Hartkaserkopf 850 Hm, 2½ Stunden. Lodron 1100 Hm, 3 Stunden.

Ausgangs- und Stützpunkt: Rettenbach im Windautal (810 m), Gasthaus »Jagerhäusl«. Auf der Tour kein Stützpunkt.

Anreise: Inntalautobahn bis Wörgl, dann über Hopfgarten im Brixental nach Westendorf und 8 km ins Windautal bis Rettenbach. Oder über Kitzbühel und Kirchberg nach Westendorf und Rettenbach.

Karten: ÖK, 121, »Neukirchen am Großvenediger«, 1:50000. f&b, 381, »Alpbach, Wildschönau, Brixental«, 1:50000

Hinweis: Zum Lodron führen noch zwei weitere sehr lohnende Routen: vom Steinberghaus im Windautal über den Steinberg und von Kelchsau im Nordwesten des Berges.

Anstieg: Vom Gasthaus »Jagerhäusl« in Rettenbach über die Windauer Ache und jenseits der Brücke auf einem Forststraßl nach rechts. In einer weiten Linksschleife (an der zweiten Gabelung links!) durch den Waldgürtel, hinter dem man auf zwei Häuser Ⓐ trifft. Nun in südwestlicher Richtung auf dem Almweg weiter und am Ostufer des Falberbaches bis in den Talgrund zu einer Brücke Ⓑ. Auf dem Almweg zu der schon lange sichtbaren Scharlingtalalm Ⓒ (1205 m, 1¼ Std. ab Rettenbach). Gerade über schöne Hänge hinauf, ein Wäldchen rechts passieren und zur Äußeren Hartkaseralm Ⓓ. Sodann die südöstlich geneigten Hänge entlang zum Hartkaserjoch Ⓔ (1641 m, 1 Std. ab Scharlingtalalm). Wegverzweigung:
Zum Hartkaserkopf: Über den leicht bewaldeten Kamm nach rechts (ca. 1680 m, 10 Min. ab Joch, 2½ Std. ab Rettenbach).
Zum Lodron: Nach links und stets am Kamm entlang über den unbedeutenden Hundskopf Ⓕ zum Lodron-Nordgipfel (großes Holzkreuz, 1901 m, gut 3 Std. ab Rettenbach).

Abfahrt: **Vom Hartkaserkopf:** Vom leicht bewaldeten Gipfelkamm links am Wald vorbei und über schöne Hänge zur Hartkaseralm hinab. Weiter der Anstiegsroute folgen.

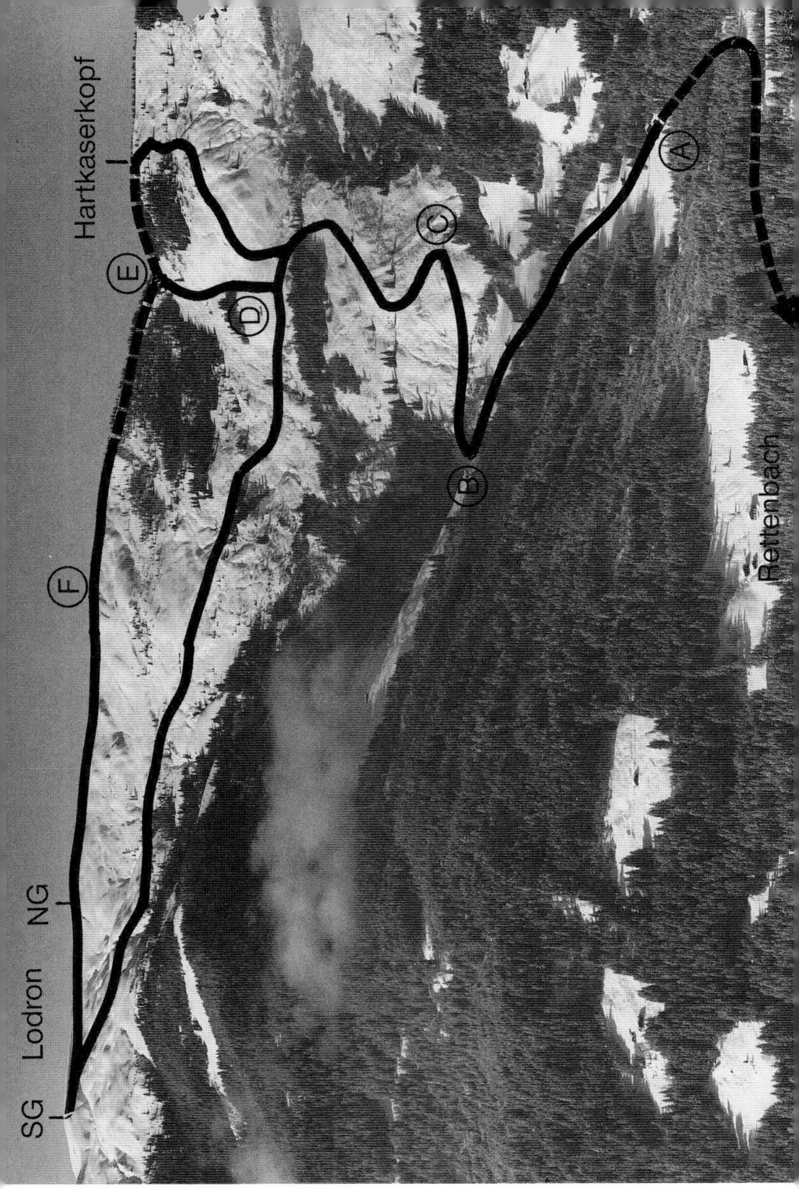

Vom Lodron: Mehrere Abfahrtsmöglichkeiten. Entweder wie Anstieg (weniger lohnend). Oder weiter zum Südgipfel (1925 m), dann in nordöstlicher Richtung zur Hartkaseralm Ⓓ. Man lasse sich nicht verleiten, auf dieser schönen Route zu tief in die Gräben abzufahren! Von der Hartkaseralm nach Rettenbach wie Anstieg.

24 Gerstinger Joch (Nordwestgipfel) 2011 m

Kitzbüheler Alpen

Charakteristik: »Unscheinbare«, aber lohnende Skitour mit nahezu freier Nordwest-, vor allem aber Westabfahrt. Die Lawinengefahr ist auf den gutgestuften Hängen bei vernünftiger Routenwahl gering.

Günstige Jahreszeit/Schwierigkeit: Dezember mit März / [2]

Anstiegshöhe und -dauer: Gut 1100 m, 3 Stunden.

Ausgangs- und Stützpunkt: Steinberghaus (889 m, ganzjährig bewirtschaftet).

Anreise: Inntalautobahn bis Ausfahrt Wörgl-Ost, über Hopfgarten nach Westendorf, von hier 10 km ins Windautal zum Steinberghaus. Hierher auch über Kitzbühel, Kirchberg und Westendorf.

Karten: ÖK, 121, »Neukirchen am Großvenediger«, 1:50 000. f & b, 381, »Alpbach, Wildschönau, Brixental«, 1:50 000

Anstieg: Vom Steinberghaus auf dem Talsträßchen in südlicher Richtung in den sich weitenden Talboden, an zwei Häusern und einem Materialaufzug vorbei und ca. 150 m dahinter links über die Wiese zur Windauer Ache (Steg, ca. 10 Minuten ab P.). Jenseits schräg rechts durch den Waldstreifen der Uferböschung Ⓐ zu einer Wiese hinauf und über diese geradewegs zu einem weiteren Waldstreifen Ⓑ, den man im Bereich eines Materialaufzugs in einem Linksbogen durchquert. Man folgt weiterhin dem Aufzug, tangiert bei knapp 1100 m eine Alm Ⓒ und trifft 50 Hm höher auf einen dritten Waldgürtel Ⓓ (ca. 300 Hm ab P.). Ganz rechts leitet ein Wiesenstreifen in mäßiger Steigung an den Rand eines Grabens, an dem sich links ein guter Durchschlupf durch das Gehölz bietet. Über die folgenden Wiesen, eine Forststraße querend, zu einer einzelnen Hütte Ⓔ am Waldrand. Diesen entlang und in einem weit ausholenden Bogen im Uhrzeigersinn auf freie Wiesen und schließlich zur Scheibenschlag-Niederalm Ⓕ (1445 m, ca. 1½ Std. ab P.). Über der Alm ziehen gut gestufte Hänge mit schütterem Baumbewuchs empor, über die man 200 Hm bis zu kleineren Felsabbrüchen Ⓖ ansteigt, die man bereits an der Alm sehen kann. Unmittelbar unter diesen quert man gut 200 m scharf nach rechts und steigt über kleine Stufen und durch Mulden halbrechts auf den Kamm hinaus. Diesem folgt man nach links und erreicht über einige Kuppen den Nordwestgipfel des Gerstinger Jochs (2011 m, 3 Std. ab P.). Auch der Weiterweg zum kreuzgeschmückten Hauptgipfel im Südosten ist möglich (knapp ½ Std. von Gipfel zu Gipfel).

Abfahrt: Wie Anstieg.

Gerstinger Joch
WG
G
F
E
D
C
B
A

25 Feldalpenhorn 1920 m

Kitzbüheler Alpen

Charakteristik: Das Feldalpenhorn kann bereits im Frühwinter und auch von Tourenneulingen bestiegen werden. West- und nordwestseitige Hänge mit kurzen, einfachen Waldpassagen in nahezu lawinensicherem Gelände machen es zu einem sehr beliebten Skiberg.

Günstige Jahreszeit/Schwierigkeit: Dezember mit März / [1]

Anstiegshöhe und -dauer: Ca. 1000 Hm, 2½ Stunden.

Ausgangs- und Stützpunkt: Schwarzenau (938 m). Kein Stützpunkt auf der Tour.

Anreise: Inntalautobahn bis Wörgl, im Ortszentrum in die Wildschönau abzweigen und nach Auffach. Von der Talstation des Lifts noch genau 2,3 km talaufwärts zum Ausgangspunkt der Tour in der Schwarzenau.

Karten: ÖK, 120, »Wörgl« und 121, »Neukirchen am Großvenediger«, 1:50000. f&b, 381, »Alpbach, Wildschönau, Brixental«, 1:50000

Hinweise: Beschränkte Parkmöglichkeit am Straßenrand. Nicht am großen Buswendeplatz parken! Übergang vom Feldalpenhorn zum Schwaiberghorn (1 Stunde) und Breitegg (1½ Stunden) im Süden mit Abfahrt ins Tal ist möglich.

Anstieg: Vom großen Buswendeplatz (Parkverbot!) in der Schwarzenau noch etwa 100 m auf der Straße talaufwärts, dann links abbiegen zu einigen Häusern hinauf. Vor dem letzten Haus rechts auf einen Damm und auf diesem ein Stück aufwärts, bis man bei einem kleinen Gatter (A) (60 Hm ab Talstraße) bequem den von Bäumen gesäumten Graben zur Rechten queren kann. Nun nach links, über Wiesen zu einem Bauernhof (B) und weiter zum Waldrand hinauf (300 Hm ab Tal). Den folgenden Waldstreifen kann man von rechts nach links auf einer Almstraße durchqueren. Dahinter folgt man breiten Lichtungen, passiert dabei die Untere Prädastenalm (C) (ca. 380 Hm ab Tal) und quert am Ende der darüberliegenden Lichtung auf einer Almstraße rechts durch den Waldgürtel. Dahinter zieht man einen weiten Links-Bogen über Wiesenhänge zur Oberen Prädastenalm (D) (knapp 550 Hm ab Tal). Über freie Hänge zu einem Absatz (E), in einer weitgezogenen Rechts-Schleife über den breiten Nordrücken hinauf, bis man das Gipfelkreuz sieht. Zuletzt in einer Links-Schleife auf den Vorgipfel und von dort in wenigen Minuten zu Fuß zum Gipfelkreuz (1920 m, gut 2 Std. ab Tal).

Abfahrt: Wie Anstieg.

Feldalpenhorn
E
D
C
B
A

26 Lämpersberg 2202 m

Kitzbüheler Alpen

Charakteristik: Beliebter und auf mehreren Routen zugänglicher Skiberg, der überwiegend freie Hänge und Abfahrtsmöglichkeiten in unterschiedlicher Schwierigkeit bietet. Hier wird die Nordostroute beschrieben. Nicht lawinensicher.

Günstige Jahreszeit/Schwierigkeit: Dezember bis Anfang April / [2]

Anstiegshöhe und -dauer: Gut 1250 m, gut 3 Stunden.

Ausgangs- und Stützpunkt: Schwarzenau (938 m). Kein Stützpunkt auf der Tour.

Anreise: Inntalautobahn bis Wörgl; im Ortszentrum in die Wildschönau abzweigen und nach Auffach. Von der Talstation des Lifts noch genau 2 km talaufwärts (Schwarzenau).

Karten: ÖK, 120, »Wörgl«, 1:50000. f&b, 381, »Alpach, Wildschönau, Brixental«, 1:50000

Hinweise: Bekannte Routen zum Lämpersberg führen noch von Auffach über den Schatzberglift, den Schatzberg, Gern, Joel und Saupanzen. Ferner von Inneralpbach über den Schatzberg und wie oben zum Gipfel.

Von der Schwarzenau kann man auch über die Neuhögenalm zum Lämpersberg ansteigen.

Anstieg: Von Schwarzenau über die Brücke des Hauptbaches (am Brückengeländer Ww. »Lämpersberg«), dann links über Wiesenhänge und zwischen zwei Gehöften Ⓐ hindurch zur Haasalm Ⓑ (ca. 200 Hm und ½ Std. ab. P.). In gleicher Richtung weiter zum obersten Wiesenzipfel und rechts in den Wald, den man im Bereich eines seichten Grabens durchquert Ⓒ. Dahinter über Wiesen schräg links zur Hönigkaseralm Ⓓ hinauf (1304 m, viele Hütten, 1 Std. ab P.). In gleicher Richtung über Almwiesen, durch einen lichten Waldgürtel und wieder über Wiesen zur Baumgartenalm Ⓔ (1674 m, knapp 2 Std. ab P.). Danach über einen steilen, konkaven Hang gerade empor auf eine Schulter, von der man den Gipfel sieht. Zunächst schräg auf die Gipfelflanke zu, zwischen kleinen Kuppen hindurch und zu einem Kessel Ⓕ unter dem Gipfelaufbau. Nun rechts(!) auf den Kamm hinaus und über diesen nach links zum höchsten Punkt (2202 m, gut 3 Std. ab P.).

Abfahrt: Wie Anstieg. Bei sicheren Verhältnissen(!) bietet auch die steile Ostabfahrt durch den breiten Graben zwischen Kleinem Beil und Lämpersberg ein berauschendes Erlebnis. Man erreicht im Tal die Schönangeralm, von der man auf der Straße zur Schwarzenau zurückkehren kann (etwa 3½ km bei 250 m Höhenunterschied). Eine verhältnismäßig sichere Abfahrtsroute führt schließlich auch noch in nordöstlicher Richtung über die Neuhögenalm und links über dem Hönigbach zur Schwarzenau zurück.

27 Großer Beil 2309 m

Kitzbüheler Alpen

Charakteristik: Prächtiger Aussichtsberg mit einer süd- und ostseitigen Abfahrt über freie Hänge, denen eine steile, unangenehme Waldstufe von knapp 200 Hm folgt, zuletzt über Almwiesen und eine Loipe. Besonders im obersten Drittel nicht lawinensicher.

Günstige Jahreszeit/Schwierigkeit: Januar bis April / [2]

Anstiegshöhe und -dauer: Knapp 1150 Hm, 3½ Stunden.

Ausgangs- und Stützpunkt: Schönangeralm (1181 m, bewirtschaftet). Kein Stützpunkt auf der Tour.

Anreise: Inntalautobahn bis Wörgl, dann 20 km bis zum Ende der Straße in die Wildschönau.

Karten: ÖK, 120, »Wörgl«, 1:50000. f&b, 381, »Alpbach, Wildschönau, Brixental«, 1:50000

Hinweis: Die Straße von Auffach zur Schönangeralm ist gewöhnlich geräumt, es empfiehlt sich aber, Ketten bereitzuhalten.

Anstieg: Von der Schönangeralm auf einer Almstraße (Loipe) in leichter Steigung knapp 2 km taleinwärts zu einer Brücke. Jenseits des Baches in gleicher Richtung weiter, unter der Kundlalm (1320 m) vorbei in das hinterste Wieseneck (ca. 1450 m, ca. 1 Std. ab P.). In gleicher Richtung steigt man steil im Hochwald gut 150 Hm schräg nach oben und erreicht etwas unter dem Siedeljoch einen kleinen Felsriegel, an dem man rechts schwenkt, in Kürze die Waldgrenze und auch die Höhe des Joches erreicht. Nun noch ca. 50 Hm am rechten Rücken aufwärts, links desselben höhengleich weiter und auf den Absatz mit der Gressensteinalm (1807 m, gut 2 Std. ab P.). Auf der rechten Talseite auf einen ausgeprägten Boden Ⓐ (ca. 1950 m, Verzweigung der Routen zum Sonnenjoch links, zum Gressenstein geradeaus). Zum Großen Beil rechts auf einen weiteren Boden Ⓑ, dann in einem leichten Links-Bogen durch eine Mulde unterhalb des Gamskarkopfes auf ein Plateau Ⓒ, von dem aus der Gipfel des Großen Beil sichtbar wird, den man zuletzt in ein paar Schleifen über den Südhang erreicht (2309 m, 3½ Std. ab P.).

Abfahrt: Wie Anstieg.

Gr. Beil
C
B
A
zur Gressensteinalm
Gressenstein
Sonnenjoch

28 Sonnenjoch 2287 m
bzw. Ostschulter ca. 2240 m

Kitzbüheler Alpen

Charakteristik: Firntour auf einen lohnenden Aussichtspunkt mit baumfreien Ost- und vor allem Südosthängen, die lawinensicherer Verhältnisse bedürfen. Nicht nach größeren Schneefällen!

Günstige Jahreszeit/Schwierigkeit: Ende Februar mit April / [2]

Anstiegshöhe und -dauer: Knapp 1100 Hm bzw. knapp 1050 Hm, je 3 Stunden.

Ausgangs- und Stützpunkt: Erlahütte (1220 m). Die Erlahütte ist im Winter nur an Wochenenden und Feiertagen ab Mittag bewirtschaftet (Jause). Kein Stützpunkt auf der Tour.

Anreise: Inntalautobahn bis Wörgl-Ost, über Hopfgarten nach Kelchsau und 1½ km hinter dem Dorf bei einer kleinen Mautstelle und einem E-Werk rechts in den Langen Grund zur Erlahütte (7,5 km ab Straßengabelung).

Karten: ÖK, 120, »Wörgl«, 1:50000. f&b, 381, »Alpbach, Wildschönau, Brixental«, 1:50000

Hinweis: Ketten bereithalten und Harscheisen mitnehmen!

Anstieg: Von der Erlahütte auf dem nun nicht mehr geräumten Sträßchen noch 1 km taleinwärts zu einer Alm, dann rechts zum Bach hinab und jenseits der Brücke Ⓐ ca. 300 m am Bach aufwärts, an dessen Ufer eine kleine Hütte steht. Hier rechts über zunächst steile Wiesenhänge, die sich nach gut 100 Hm zurücklegen und schließlich zur Neubergalm Ⓑ hinaufleiten (1611 m, 1¼ Std. ab P.). In gleicher Richtung weiter und nach 100 Hm nahe am Talgrund zwei von rechts herabziehende Gräben Ⓒ queren, dahinter – bei ganz sicheren Verhältnissen auch schon vor den Gräben – rechts auf einen Absatz zu der etwas versteckten Seefeldalm Ⓓ (1891 m), bei der sich, am Eingang in ein Kar Ⓔ, die Wege gabeln:
Zur Ostschulter: Man schwenkt in einem weiten Bogen nach rechts zum Kammansatz und erreicht dahinter schöne Hänge, die über den Ostrücken zur Ostschulter des Sonnenjochs emporführen (2240 m, 3 Std. ab P.).
Zum Hauptgipfel: Man zieht in einem Bogen nach links in das Kar und steigt über weite, gestufte Mulden – zuletzt sichere Verhältnisse erforderlich! – so hoch empor, bis man sie nach links verlassen kann, über den Kamm zu einem Triangulationspunkt und weiter nach rechts zum Gipfelkreuz gelangt (2287 m, 3 Std. ab P.).

Abfahrt: In beiden Fällen wie Anstieg. Ein Übergang von der Ostschulter zum Hauptgipfel ist mit Ski am Felsgrat nicht möglich. Bei sicheren Verhältnissen kann man von der Ostschulter westwärts abfahren (absteigen) und dann nach links zum Hauptgipfel ansteigen.

29 Torhelm 2494 m

Kitzbüheler Alpen

Charakteristik: Freie, steile Nordhänge, eine tiefeingeschnittene Talfurche und ein 3 km langes, sehr flaches Gleitstück zeichnen den Torhelm im hintersten Winkel des Langen Grundes aus. Auf dieser noch einsamen Tour benötigt man sichere Verhältnisse!

Günstige Jahreszeit/Schwierigkeit: Januar mit April / [2]

Anstiegshöhe und -dauer: Gut 1250 Hm, 4 Stunden.

Ausgangs- und Stützpunkt: Erlahütte (1220 m). Weitere Angaben siehe Tour 28!

Anreise: Siehe Tour 28.

Karten: ÖK, 120, »Wörgl« und 121, »Neukirchen am Großvenediger«, 1:50000. f&b, 381, »Alpbach, Wildschönau, Brixental«, 1:50000

Hinweise: Schneeketten bereithalten! Man darf den Torhelm in den Kitzbüheler Alpen nicht mit dem Torhelm in den Zillertaler Alpen (Tour 46) verwechseln! Den Torhelm besteigt man auch von Gerlos über die Wilde Krimml sowie von Norden durch den Hämmerergrund.

Anstieg: Von der Erlahütte im zunächst breiten Tal des Langen Grundes gut 2 km in leichter Steigung talaufwärts. Dann rechts über den Bach und am anderen Ufer zur Tiefentalalm (1439 m, 1 Std. ab P.). Am gleichen Ufer in das immer enger werdende Tal, stellenweise steile Hänge querend, zur Oberkaralm (1613 m, gut ½ Std. ab P.). Nun im Graben Ⓐ oder besser rechts davon auf einer Begrenzungsrippe Ⓑ auf eine Geländestufe zur Öfeleralm Ⓒ (1988 m, 1 Std. ab Oberkaralm). In einem leichten Bogen im Gegenuhrzeigersinn auf die Öfelerscharte Ⓓ und über den Nordgrat und die oberste Nordostflanke auf den Torhelm, der eine umfassende Rundsicht auf die Zillertaler Alpen und die Berge um Gerlos bereithält (2494 m, 1¼ Std. ab Öfeleralm, 4 Std. ab Erlahütte). Die Orientierung beim Anstieg ist trotz der Länge der Tour recht einfach, da man von der Erlahütte dem höchsten Punkt im Talabschluß zusteuert, und der Gipfel bereits bei der Anfahrt zu sehen ist.

Abfahrt: Wie Anstieg, im obersten Teil jedoch direkt in Richtung Öfeleralm Ⓒ.

Torhelm
A
B
C
D

30 Schatzberg 1902 m
31 Joel 1964 m

Kitzbüheler Alpen

Charakteristik: Einfache, aber trotzdem lohnende Skitour mit einer unbehinderten Abfahrt über südwestseitige Lichtungen und Wiesen. Auf der Normalroute geringe Lawinengefahr und auch bei schlechter Sicht durchführbar. Mehrere Abfahrtsvarianten bei einer Verlängerung der Tour zum Joel.

Günstige Jahreszeit/Schwierigkeit: Dezember mit März / Schatzberg [1], Schatzberg und Joel [2]

Anstiegshöhe und -dauer: 900 Hm, 2 Stunden bis Schatzberg, 1120 Hm, 3 Stunden bis Joel.

Ausgangs- und Stützpunkt: Inneralpbach (1005 m). Schatzbergalm (1770 m, privates Berggasthaus, bewirtschaftet, im Bereich des Liftgebietes nordöstlich des Hauptgipfels).

Anreise: Inntalautobahn bis Ausfahrt Kramsach, nach Brixlegg, dort abzweigen nach Alpbach und bis Inneralpbach (11 km ab Brixlegg).

Karten: ÖK, 120, »Wörgl«, 1:50000. f&b, 381, »Alpbach, Wildschönau, Brixental«, 1:50000

Hinweis: Bei genauerer Betrachtung der Bilder erkennt man eine ganze Reihe von Abfahrtsvarianten, bei denen allerdings die Lawinengefahr nicht unterschätzt werden darf.

Anstieg: Von der großen Steinbrücke in der Ortsmitte von Inneralpbach ostwärts über Wiesen zu einem schon im Tal sichtbaren großen Bauernhof Ⓒ hinauf. Auf dem Weg dorthin bieten die Umzäunungen in den Punkten Ⓐ und Ⓑ bequeme Öffnungen, so daß sie nicht überklettert werden brauchen! Von dem großen Bauernhof (bis hierher auch auf einer Straße) zum obersten rechten Wieseneck, bei dem man bei einer einzelnen Lärche und einem Gatter Ⓓ (350 Hm und gut ½ Std. ab P.) durch den schmalen Waldgürtel schlüpft. Dahinter über Wiesen erneut zum rechten oberen Eck (2 Hütten) und zu einem Durchschlupf durch einen Waldstreifen, hinter dem sich wieder eine Wiese öffnet. Ein drittes Mal zum rechten oberen Eck (zwei Hütten und Forststraßl) und in einer Schneise empor, die sich mit zunehmender Höhe weitet, ehe sich die Bäume zu beiden Seiten verlieren. Zuletzt an einem Kreuz vorbei und über einen freien Rücken zum Südgipfel (1902 m, 2 Std. ab P.).
Übergang zum Hauptgipfel: Am Kamm in knapp 10 Minuten nach links

Schatzberg I SG
zum Joel
D
C
B
A
Inneralpbach

zum Hauptgipfel mit Kreuz. Auf der Ostseite des Schatzbergs schließt sich das Liftgebiet von Auffach an.

Übergang zum Joel (Ackerzint) bzw. zum Lämpersberg: Vom Schatzbergsüdgipfel kann man über die südlichen Gipfel (Gern, Joel, Saupanzen) dem breiten Kammverlauf folgend bis zum Lämpersberg (insgesamt knapp 700 Hm Anstieg in gut 2 Std.) auch im Winter weiterwandern. Meist geht man aber nur bis zum Joel (1964 m, ca. 220 Hm Anstieg und ¾ Std.), der bei sicheren Verhältnissen einige lohnende Abfahrten in den Luegergraben anbietet.

Abfahrt: Vom Schatzberg wie Anstieg. Oder vom Joel über die Südschulter Ⓔ in den Luegergraben (steil, nur bei sicheren Verhältnissen!). Die dritte Abfahrtsvariante führt vom Joel über die Nordschulter und die Blaikenalm: Vom Gipfel auf den kleinen Boden nordwestlich des Gipfels zurück (nicht bis zum Sattel hinab!), dann links auf die Schulter Ⓕ hinaus und über schöne Hänge ca. 400 Hm zu einem Almstraßl hinab. Auf diesem rechts über einen von Bäumen gesäumten Graben zur Blaikenalm Ⓖ. Über Wiesenhänge schräg rechts zu einigen Hütten Ⓗ und in gleicher Richtung weiter zu einer schmalen Schneise links eines Grabens. Hier durch den Waldgürtel und zuletzt über freie Wiesen zur Talstraße und auf dieser nach Inneralpbach zurück.

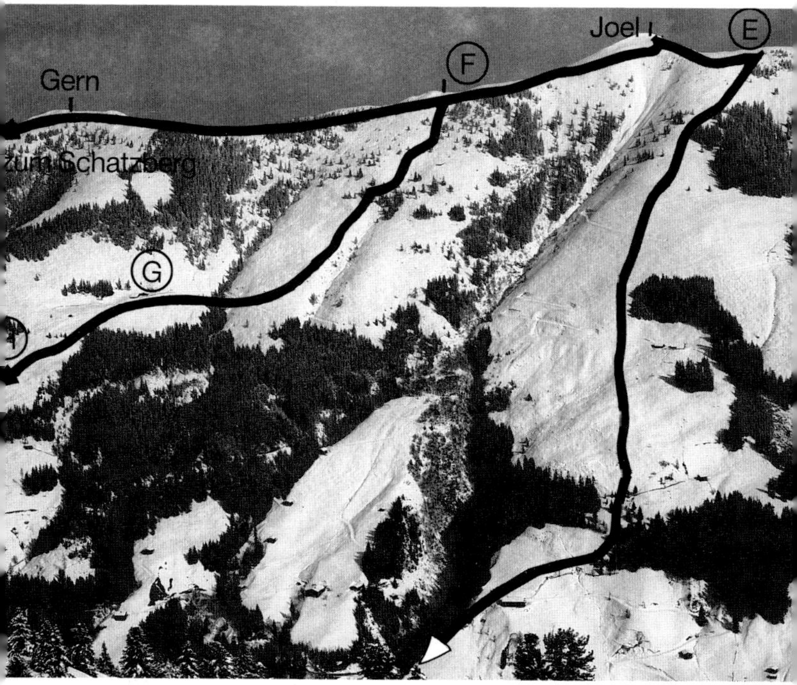

Schatzberg
HG
SG
zum Joel
D
H

32 Großer Galtenberg 2424 m

Kitzbüheler Alpen

Charakteristik: Konditionell etwas anspruchsvolle Skitour auf einen beherrschenden Berg der westlichen Kitzbüheler Alpen mit umfassender Aussicht. Der 300 m hohe Gipfelaufbau wird meist zu Fuß bewältigt. Der Galtenberg bietet zur Wahl eine lohnende West- bzw. Nordostabfahrt bei mittlerer Lawinengefahr.

Günstige Jahreszeit/Schwierigkeit: Januar bis April / [2]

Anstiegshöhe und -dauer: 1400 Hm, 4 Stunden.

Ausgangs- und Stützpunkt: Inneralpbach (1005 m). Kein Stützpunkt auf der Tour.

Anreise: Siehe Tour 30/31.

Karten: Siehe Tour 30/31.

Hinweise: Der hier beschriebene, gut markierte und infolge der ausgedehnten Waldflächen etwas unübersichtliche Anstieg ist leichter zu finden, als es den Anschein hat. Er ist zudem meist gut gespurt und bequem! Beim Anstieg über die Bubenkapelle (Luegergraben) findet man in deren Bereich (vor der Brücke) meist einen P.. Die Anstiegsroute über die Ostseite zweigt an der Rechtskehre der Forststraße nach links ab und führt auf der Abfahrtsroute über die Bubenalm zum Nordkamm.

Anstieg: Vom Parkplatz bei der großen Steinbrücke (oder vom Parkplatz beim Schlepplift) zum Heimatmuseum (Ww) hinauf, dann schräg links über eine kleine Wiese zum Waldrand und auf dem rot-gelb markierten Weg Nr. 37 »Galtenberg« durch den Wald. Ca. 160 Hm oberhalb des P. steht man auf einer Forststraße Ⓐ, die von der Bubenkapelle Ⓜ im Luegergraben heraufkommt. Man benützt die Straße über drei rasch aufeinanderfolgende Kehren etwa 50 Hm und zweigt scharf rechts ab Ⓑ. Dabei folgt man der rot-gelben Markierung durch den Hochwald. Gut 30 Hm nach der Abzweigung Ⓒ wendet sich der Weg scharf nach links, überquert nach weiteren 100 Hm erneut die Forststraße Ⓓ, auf die er nach 20 Hm ein letztes Mal trifft (370 Hm und 1 Std. ab P.). Hier orientiert man sich am Ww »Alplkreuz, Galtenberg« Ⓔ nach rechts in den Hochwald. Nach 90 Hm stößt man auf eine Weggabelung Ⓕ (rechts »Radingeralm« – links »Galtenberg«), und nach 100 Hm schwenkt der Weg nach rechts, ehe er nach weiteren 70 Hm (etwa auf 1630 m) bei einer Lichtung den nach links ziehenden Nordkamm Ⓖ des Galtenberg erreicht. Diesem folgt man auf seinem Scheitel, passiert bei 1682 m eine Hütte Ⓗ und tritt oberhalb von 1800 m allmählich aus dem Wald heraus (gut 2 Std. ab P.). Der rückenartige Kamm flacht nun immer mehr ab. Bei

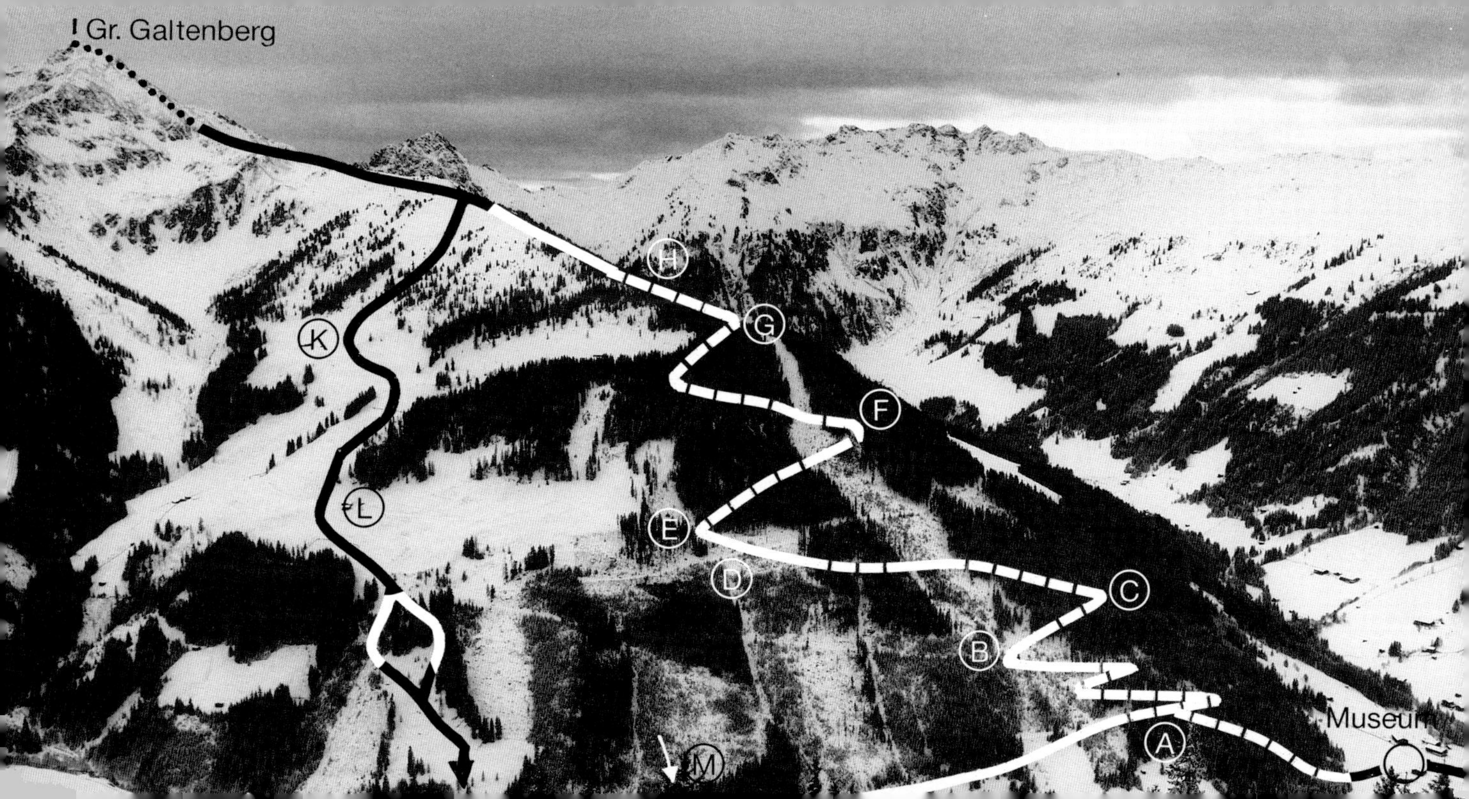
Gr. Galtenberg
H
G
K
F
L
E
D
C
B
A
Museum
M

ca. 2100 m hat man den Gipfelaufbau des Galtenberg erreicht (Skidepot etwas darüber). Da die Abfahrt über den meist stark abgeblasenen Steilhang nur selten möglich ist, bewältigt man die letzten 300 Hm im An- und Abstieg zu Fuß (2424 m, 4 Std. ab P.).

Abfahrt: **Westabfahrt:** Beim Abstieg vom Galtenberggipfel zum Skidepot sieht man schräg links unten die Farmkehr-Hochalm Ⓙ. Zu ihr fährt man ab und folgt den weiteren schönen Hängen in den Greitergraben. Bei 1400 m schwingt man auf die linke Talseite hinüber und gleitet im Talboden in der Loipe nach Inneralpbach hinaus.
Nordostabfahrt: Sehr beliebt und lohnend ist auch die Abfahrt nach Nordosten über die Kolbentalalm Ⓚ und Bubenalm Ⓛ in den Luegergraben und weiter nach Inneralpbach. Man sollte sich bei der Entscheidung über Nordost- oder Westabfahrt von den herrschenden Schneeverhältnissen leiten lassen.

Abgang einer Staublawine (Tour 12)

33 Sonntagsköpfl 2244 m

Kleiner Gamsstein 1924 m

Tuxer Alpen

Charakteristik: Wenig bekannte, doch lohnende Halbtagestour, die bei vernünftiger Routenwahl kaum lawinengefährdet ist und sich sehr gut für Anfänger eignet; überwiegend Nordhänge mit einem kurzen Gegenanstieg bei der Abfahrt.

Günstige Jahreszeit/Schwierigkeit: Dezember mit Mai / [1]

Anstiegshöhe und -dauer: 700 Hm zuzüglich Gegenanstieg bei der Abfahrt, je nach Routenwahl 130 Hm bis gut 200 Hm; 2 Stunden.

Ausgangs- und Stützpunkt: Gasthaus »Loas« unter dem Loassattel (ca. 1650 m), Gamssteinhaus am Loassattel (1675 m). Beide sind bewirtschaftet.

Anreise: Inntalautobahn bis Schwaz, dann über Pill, Nieder- und Hochpillberg zum Gasthaus »Loas« (ca. 14 km ab Schwaz).

Karten: ÖK, 119, »Schwaz«, 1:50000. f&b, 151, »Zillertal, Tuxer Voralpen, Jenbach-Schwaz«, 1:50000

Hinweise: Die Straße ist auf dem letzten Teilstück nach größeren Schneefällen unter Umständen nicht geräumt, sicher aber ab Frühjahr, da sie einen Lawinenstrich quert. Schneeketten bereithalten! Zugang auch von Hochfügen (Parkplatz) über Langlaufloipe. Wer Tour Nr. 33 und 34 an 1 Tag durchführt und früh genug daran ist, sollte zuerst zum Sonntagsköpfl gehen, da die Hänge am Kuhmesser später auffirnen.

Anstieg: Von Gamssteinhaus Ⓐ bzw. vom Gasthaus »Loas« auf den gleichnamigen Sattel Ⓑ, dann nach rechts und über den Nordostkamm zum Kleinen Gamsstein (1924 m, ca. 300 Hm ab P., ¾ Std.). Von hier knapp 150 Hm schräg links in das Maschental abfahren, über einen Graben Ⓒ und, ganz dem Gelände angepaßt, über gestufte Nordhänge (vom Kleinen Gamsstein sehr gut zu überblicken!) in 1 Stunde auf das Sonntagsköpfl. Man achte darauf, daß das von rechts, aus der Ostflanke des Großen Gamsstein abstreichende Schneebrett bis zum Fuß des Sonntagsköpfls hinabreicht und die Anstiegsroute noch bedrohen kann. Ausweichmöglichkeit besteht.

Abfahrt: Wie Anstieg. Man kann über die schönen Nord- und Nordosthänge noch ein Stück weiter abfahren, zum Kleinen Gamsstein ansteigen und über den Nordostrücken zur »Loas« zurückkehren.

Gilfert
Sonntagsköpfl
Gr.
C
Gamsstein
Kl.
B
A

34 Kuhmesser 2264 m

Tuxer Alpen

Charakteristik: Ausgesprochene Frühjahrstour bei sicheren Firnverhältnissen mit einer rassigen Südwestabfahrt. Halbtagestour!

Günstige Jahreszeit/Schwierigkeit: Ende März bis Mai / ↑1 ↓2

Anstiegshöhe und -dauer: Knapp 600 Hm, knapp 1½ Stunden.

Ausgangs- und Stützpunkt: Gasthaus »Loas« unter dem Loassattel (ca. 1650 m), Gamssteinhaus am Loassattel (1675 m). Beide sind bewirtschaftet.

Anreise: Inntalautobahn bis Schwaz, dann über Pill, Nieder- und Hochpillberg zum Gasthaus »Loas« (ca. 14 km ab Schwaz).

Karten: ÖK, 119, »Schwaz«, 1:50000. f&b, 151, »Zillertal, Tuxer Voralpen, Jenbach-Schwaz«, 1:50000

Hinweise: Die Straße ist auf dem letzten Teilstück nach größeren Schneefällen unter Umständen nicht geräumt, sicher aber ab Frühjahr, da sie einen Lawinenstrich quert. Schneeketten bereithalten! Zugang auch von Hochfügen (Parkplatz) über Langlaufloipe. Wer Tour Nr. 33 und 34 an 1 Tag durchführt und früh genug daran ist, sollte zuerst zum Sonntdagsköpfl gehen, da die Hänge am Kuhmesser später auffirnen.

Anstieg: Vom Gamssteinhaus nach links geradewegs zum Gipfel (2264 m, 1½ Std. ab P.). Im oberen Teil hält man sich meist an die rechte Rippe.

Abfahrt: Vom Gipfel direkt zum Loassattel hinunter.

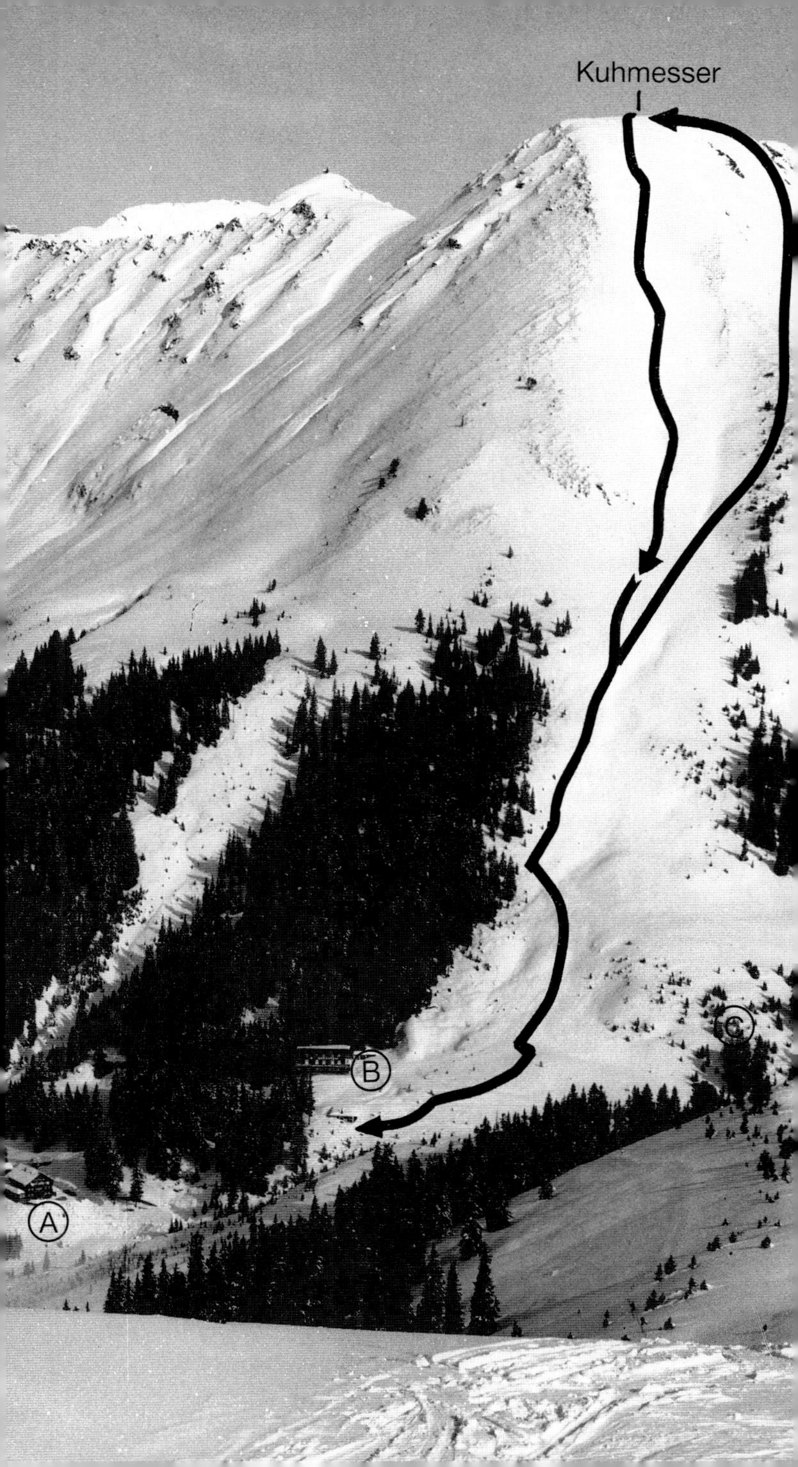
Kuhmesser
B
C
A

35 Gilfert 2506 m

Tuxer Alpen

Charakteristik: Einer der beliebtesten Skiberge der Tuxer Alpen mit südwestseitigen, überwiegend freien Hängen, von denen die untersten zeitig ausapern. Mittelmäßige Lawinengefahr.

Günstige Jahreszeit/Schwierigkeit: Januar bis April / [2]

Anstiegshöhe und -dauer: 1200 Hm, 3 Stunden.

Ausgangs- und Stützpunkt: Gasthaus Innerst (1283 m). Kein Stützpunkt auf der Tour.

Anreise: Inntalautobahn bis Schwaz, auf der Bundesstraße in Richtung Innsbruck bis Pill, dort nach Weerberg abzweigen und auf einer Hochstraße bis zu ihrem Ende in Innerst. Die Parkmöglichkeiten wurden erweitert.

Karten: ÖK, 119, »Schwaz«, 1:50000. f&b, 151, »Zillertal, Tuxer Voralpen, Jenbach-Schwaz«, 1:50000

Hinweise: Die alte, klassische Gilfert-Route von Innerst hat immer noch Vorrang vor der »Konkurrenz« von Hausstatt bzw. Weerberg (Lift). Schneeketten bereithalten.

Anstieg: **Von Innerst** Ⓐ: Über die von Waldstreifen gegliederten Wiesen in östlicher und nordöstlicher Richtung gut 300 Hm empor. Dabei hält man sich mehr am rechten Waldrand und trifft bei gut 1600 m auf eine Almstraße Ⓑ, die nach rechts durch den breiten Waldgürtel auf die freien Hänge um die Nonsalm (1785 m) Ⓒ hinausführt (1785 m, 1¼ Std. von Innerst). Über gut gestufte Hänge und übersichtliches Gelände steigt man in östlicher Richtung weiter, den Gipfel vor Augen. Bei etwa 2200 m erreicht man einen deutlichen Absatz Ⓔ. (Hier zweigt die Nordwestabfahrt über die Lafasteralm nach Hausstatt ab.) Über schöne Steilhänge zieht man südlich des Kammes weiter zum Gipfel, den man im obersten Absatz über eine kleine Schulter von links her betritt (2506 m, gut 3 Std. von Innerst).
Von Weerberg bzw. Hausstatt: Der Anstieg führt von der Bergstation des Lifts auf einem langen Forststraßl rechts durch Wald und mündet jenseits des Waldgürtels Ⓓ (ca. 1850 m) in die Route von Innerst ein (1250 Hm von Hausstatt, gut 3 Std.). Bei Liftbenützung sind es rund 1000 Hm und gut 2½ Stunden.

Abfahrt: **Nach Innerst:** Wie Anstieg. Achtung: Abzweigung bei Ⓑ nicht übersehen!
Nach Hausstatt/Weerberg: Zuerst 300 Hm auf der Innerst-Abfahrt,

dann rechts (E) abbiegen und über schöne Hänge im Bereich eines breiten Grabens zur Lafasteralm. Von dort auf einem Ziehweg zur Piste und auf dieser zum Ausgangspunkt zurück (1600 Hm bis Weerberg). Man kann ebenso auf der Innerst-Route abfahren und bei Punkt (B) in nördlicher Richtung nach Hausstatt zurückkehren.

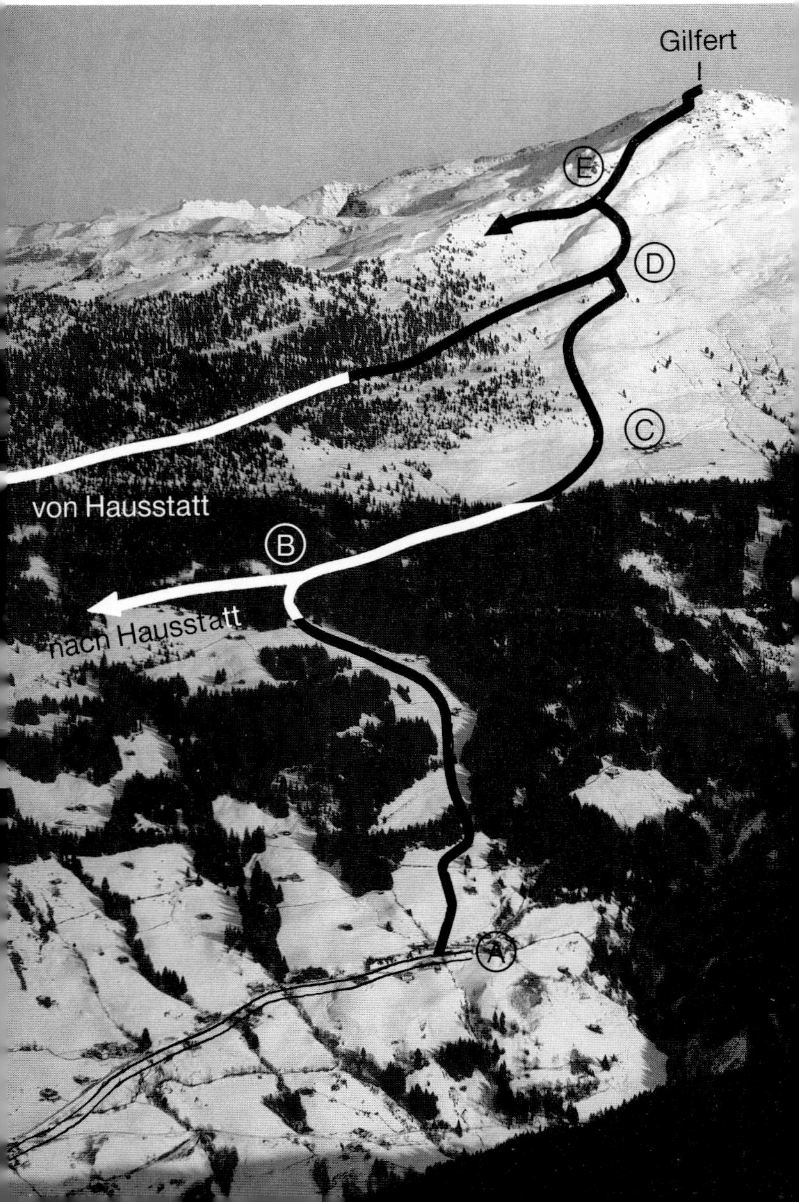

36 Rastkogel 2762 m

Tuxer Alpen

Charakteristik: Beherrschender Aussichtsberg mit einer freien Südabfahrt, die bei Firn oder Pulverschnee ein großartiges Erlebnis schenkt. Die Tour erfordert sichere Verhältnisse.

Günstige Jahreszeit/Schwierigkeit: Januar mit April / [2]

Anstiegshöhe und -dauer: 1100 Hm, 3 Stunden.

Ausgangs- und Stützpunkt: An der Straßengabelung Hobalm - Geiselalm, oberhalb der Einmündung des Bangartbaches in den Geiselbach (ca. 1650 m). Kein Stützpunkt auf der Tour.

Anreise: Inntalautobahn, ins Zillertal bis Mayrhofen, ins Tuxer Tal bis Lanersbach. Nun auf einer Bergstraße in Richtung Schöneben, Geiselalm, vorbei an der Jausenstation »Olpererblick« bis zur o.g. Straßengabelung.

Karten: ÖK, 149, »Lanersbach«, 1:50000. f&b, 151, »Zillertal, Tuxer Voralpen, Jenbach-Schwaz«, 1:50000

Hinweise: Ketten bereithalten. Der Anstieg zum Rastkogel kann heute mit Hilfe des Lämmerbichl-Lifts Ⓛ (Lanersbach) wesentlich abgekürzt werden. Zum Rastkogel führen auch Anstiege von der Rastkogelhütte, von der Nafinghütte, sogar von Hochfügen und von Innerst; er erhält also zahlreichen Besuch.

Anstieg: Vom Parkplatz Ⓟ an der Straßengabelung auf einer Almstraße oder direkt über steile Wiesen zu der bereits sichtbaren Geiselalm Ⓐ hinauf (ca. 150 Hm). Dann höhengleich nach rechts auf einen Kamm hinaus Ⓑ, um diesen ostseitig herum und in den Graben des Bangartbaches. Jenseits desselben zu einer Felsstufe Ⓒ, die man auf der linken Seite gut umgehen kann (¾ Std. ab P.). Nun halbrechts über schöne, gestufte Hänge auf der Westseite von Lämmerbichl und Grauspitze zu einem Kessel Ⓓ am Fuß der Südflanke des Rastkogel (ca. 2500 m, gut 2 Std. ab P.). Hier nach rechts und über einen Nordwesthang auf die Kammhöhe Ⓔ (Steinmann). Man verfolgt den Südostgrat nach links und erreicht nach einer Senke den steilen Gipfelaufbau des Rastkogel. Mit Ski soweit wie möglich empor und zuletzt zu Fuß zum Gipfelkreuz (2762 m, 3 Std. ab P.).

Abfahrt: Wie Anstieg. Man erkennt bereits beim Anstieg weitere Möglichkeiten in dem sehr weitläufigen und übersichtlichen Gelände.

Rastkogel
E
D
L
C
B
A
P

37 Hirzer 2725 m

Tuxer Alpen

Charakteristik: Physisch etwas anspruchsvolle, dafür landschaftlich großartige Tour auf einen der Paradeskiberge der Tuxer Alpen mit west- und nordwestseitiger Abfahrt über weitgehend freie Hänge. Unter dem Kamm Schneebrettgefahr!

Günstige Jahreszeit/Schwierigkeit: Januar bis April / [2]

Anstiegshöhe und -dauer: Knapp 1400 Hm, 3½ Stunden.

Ausgangs- und Stützpunkt: Gasthaus »Haneburger« im Wattental (1351 m). Kein Stützpunkt auf der Tour.

Anreise: Inntalautobahn bis Wattens, dann auf einer Bergstraße nach Süden ins Wattental (Wattener Lizum).

Karten: AV, 31/5, »Innbsbruck«, mit Skirouten, 1:50000. ÖK, 149, »Lanersbach«, 1:50000. f&b, 151, »Zillertal, Tuxer Voralpen, Jenbach-Schwaz«, 1:50000

Hinweise: Schneeketten bereithalten. Siehe auch Tour 38, Hippold/Krovenz, und Tour 39, Geier/Reckner.

Anstieg: Kurz vor dem Gasthaus, »Haneburger« Ⓐ zweigt links eine Forststraße ab, auf der man in drei weiten Schleifen (bei der ersten Weggabelung links halten!) einen breiten, in östlicher Richtung emporziehenden Waldgürtel bequem überwinden kann. Gleich darüber trifft man auf mehrere Hütten Ⓑ (gut 250 Hm, ¾ Std. ab P.). Nun steigt man über schöne freie Wiesen, in denen mehrere verstreute Hütten stehen, bis zum obersten freien Eck an. Die auf gut halber Höhe der Wiesen gelegene Pofersalm Ⓒ läßt man links liegen. Den anschließenden lichten Zirbelwaldgürtel kann man in halbrechter Richtung gut durchqueren. Dahinter steht zur Linken der Pofers-Hochleger Ⓓ (ca. 800 Hm, gut 2 Std. ab P.). Man schwenkt leicht nach rechts auf einen Rücken Ⓔ, den man nach links verfolgt, bis er in einen etwa 300 m hohen, weit ausladenden Hang übergeht. Über diesen erreicht man in einer leichten Links-Schleife den Westgrat des Hirzer Ⓕ, der ohne Schwierigkeiten etwa 200 Hm über einen Vorgipfel (Scharte) zum Gipfelkreuz emporzieht (2725 m, gut 3½ Std. ab P.).

Abfahrt: Wie Anstieg.

Hirzer
F
E
D
B
A

38 Grafennsspitze (Krovenz) 2619 m
Hippold 2643 m

Tuxer Alpen

Charakteristik: Zwei aussichtsreiche Gipfel mit einer weitgehend gemeinsamen Anstiegs- und Abfahrtsroute über weite, freie Westhänge und einen Ziehweg. Der Gipfelaufbau des Hippold ist etwas anspruchsvoller als der des Krovenz. Die Lawinengefahr hält sich in Grenzen.

Günstige Jahreszeit/Schwierigkeit: Dezember mit April / [2]

Anstiegshöhe und -dauer: Gut 1200 Hm, 3 Stunden.

Ausgangs- und Stützpunkt: Lager Walchen (1410 m), großer Parkplatz. Kein Stützpunkt auf der Tour, jedoch Gasthaus »Haneburger« kurz vor dem Ausgangspunkt.

Anreise: Inntalautobahn bis Wattens, dann ca. 12 km über eine auch im Winter geräumte Bergstraße nach Walchen im Wattental.

Karten: AV, 31/5, »Innsbruck« und Umgebung, mit Skirouten, 1:50000. ÖK, 149, »Lanersbach«, 1:50000. f&b, 151, »Zillertal, Tuxer Voralpen, Jenbach-Schwaz«, 1:50000

Hinweise: Schneeketten bereithalten. Beide Ziele lassen sich auf der Tour verbinden: knapp 1 Stunde von Gipfel zu Gipfel.

Anstieg: Vom Parkplatz am Nordrand des Lagers Walchen auf der gesperrten Straße nach Süden. Am Beginn der Steigung von der Straße links ab und über den Bach (Brücke), sodann über Wiesen, auf einem längeren Ziehweg parallel zum Bach nach Süden. Hinter dem Wald tritt man auf die Fläche der Melangalm Ⓐ hinaus. Hierher gelangt man auch, wenn man auf der Straße zur Wattener Lizum bis zu ihrer Rechtskehre ansteigt, bei der man einen sehr guten Überblick über den weiteren Routenverlauf gewinnt. Man zweigt nach links zum Bach und zur jenseits gelegenen Melangalm ab. Dort treffen beide Routen zusammen (jeweils ½ Std. von Walchen). Auf einem Almstraßl steigt man, sich leicht links haltend, zum bereits sichtbaren Melang-Niederleger Ⓑ und über die freien Westhänge, ganz dem Gelände angepaßt, zum Hochleger Ⓒ an (2067 m, 1½ Std. ab P.). In etwa gleicher Richtung erreicht man nach einer knappen Stunde den Sattel Ⓓ zwischen Hippold (rechts) und Krovenz (links).
Zum Krovenz: Man wendet sich kurz vor dem Sattel nach links, wobei das zunächst wellige und mäßig geneigte Gelände dem Gipfel zu stark aufsteilt (2619 m, 3 Std. ab P.).

Zum Hippold: Rechts von hellen Felsen überwindet man den Steilhang zum Hippold-Vorgipfel und erreicht nun flacher den nach Osten zurückgesetzten Hauptgipfel (2643 m, 3 Std. ab P.).

Abfahrt: In beiden Fällen wie Anstieg.

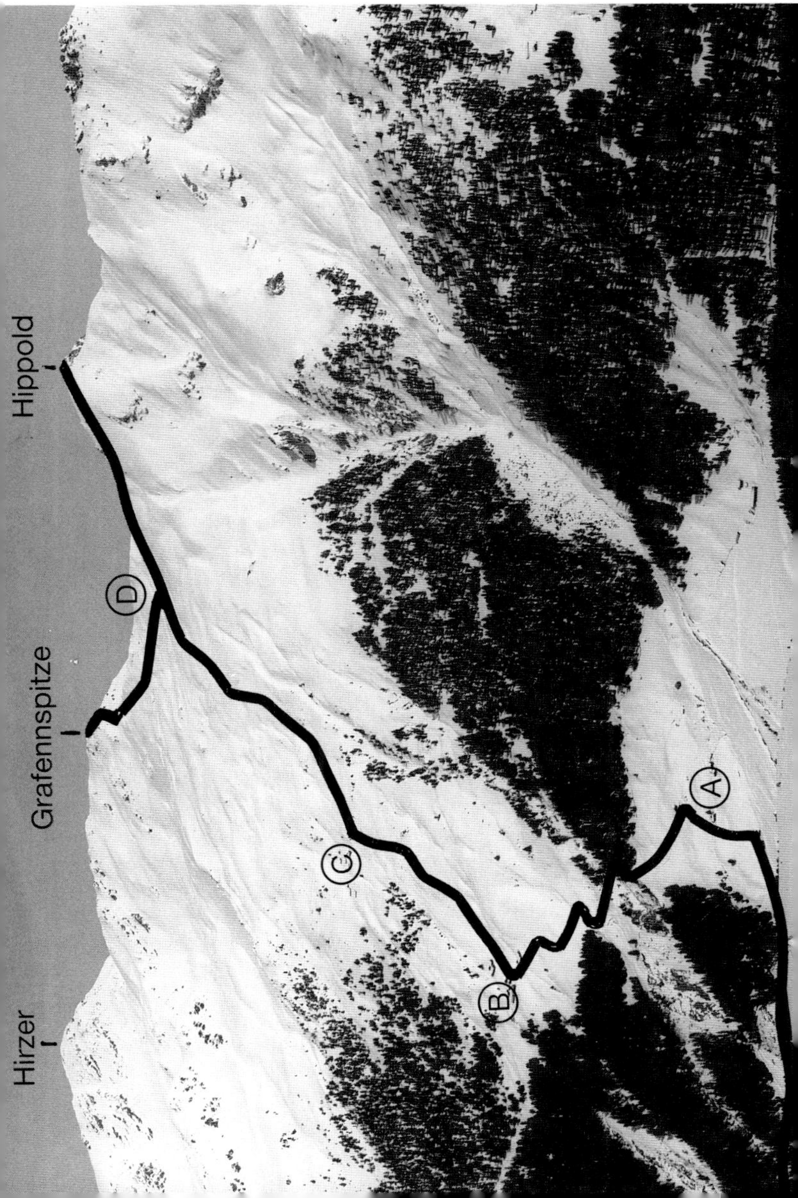

39 Geier 2857 m
Lizumer Reckner 2886 m

Tuxer Alpen

Charakteristik: Zwei beliebte Ziele im Winter und Frühjahr mit freier, nordostseitiger Abfahrt. Sie werden häufig gemeinsam bestiegen. Der Reckner erfordert leichte, aber luftige Kletterei. Die Lawinengefahr ist auf der beschriebenen Route meist gering.

Günstige Jahreszeit/Schwierigkeit: Januar bis Anfang Mai / Geier: [1], Lizumer Reckner [2]

Anstiegshöhe und -dauer: Vom Lager Walchen zum Geier 1450 Hm, ab Lizumer Hütte nur 850 Hm, zum Reckner noch weitere 60 Hm und ½ Stunde von Gipfel zu Gipfel. Gut 2 Stunden ab Hütte, gut 4 Stunden ab Walchen.

Ausgangs- und Stützpunkt: Lager Walchen (1410 m) im Wattental bzw. Lizumer Hütte (2019 m, geöffnet von Weihnachten bis über Neujahr und von Mitte Februar bis Ende April).

Anreise: Inntalautobahn bis Wattens, auf einer auch im Winter meist geräumten Bergstraße ins Wattental zum Militärlager Walchen. Von hier mit Skitaxi zur Lizumer Hütte (erspart 2 Std. Anstieg auf einer Straße).

Karten: AV, 31/5, »Innsbruck und Umgebung«, mit Skirouten, 1: 50000. ÖK, 149, »Lanersbach«, 1: 50000. f&b, 151, »Zillertal, Tuxer Voralpen, Jenbach-Schwaz«, 1: 50000

Hinweise: Ketten bereithalten. Das Tourengebiet der Lizumer Hütte liegt zwar in einem militärischen Übungsgelände, doch ist der Skitourist an den Wochenenden gewöhnlich nicht eingeschränkt. Er findet in der Wattener Lizum eine Fülle herrlichster Skitouren mit Abfahrten aller Schwierigkeiten.

Anstieg: Vom Lager Walchen auf der Straße (soweit man nicht mit dem Skitaxi fährt) in 2 Stunden zur Lizumer Hütte Ⓐ in der Wattener Lizum. Von dort zunächst eben in den Talkessel südlich der Hütte. Knapp hinter der Sonnenspitze Ⓑ halbrechts über einige Stufen in die Scharte Ⓒ zwischen Pluderlinge und Geier, den man zuletzt von Osten her betritt (2857 m, gut 4 Std. ab P., gut 2 Std. ab Hütte). Den kecken Felsgipfel des Reckner erreicht man über die Scharte zwischen Geier und Reckner, gefolgt von einer Kletterei, die stark von den Verhältnissen abhängig ist. Ein Drahtseil und einige Eisengriffe erleichtern den teils ausgesetzten Anstieg (2886 m, knapp ½ Std. vom Geier).

Abfahrt: Wie Anstieg. Die Abfahrt von der Lizum nach Walchen erfolgt im Bereich des bewaldeten Talbodens, teilweise Ziehweg, nicht auf der Straße!

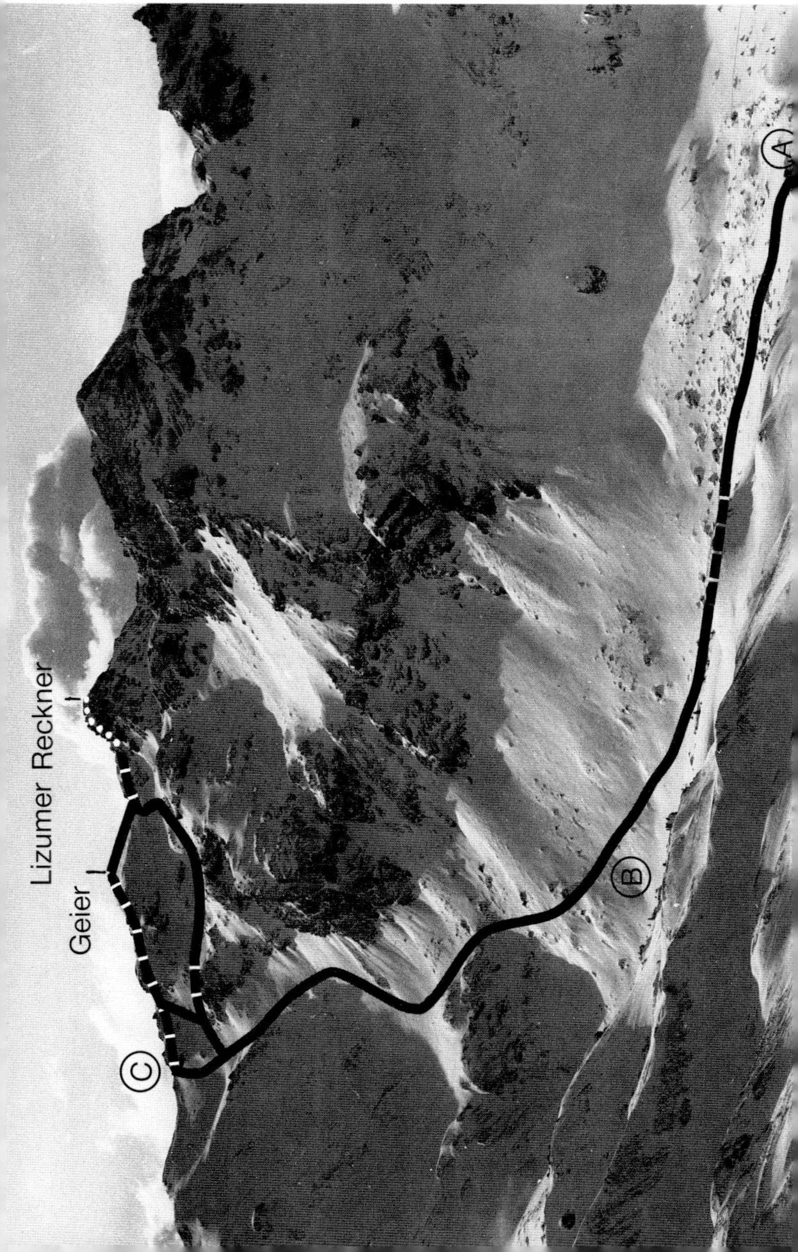

40 Wildofen 2553 m

Tuxer Alpen

Charakteristik: Ein zunehmend im Blickpunkt des Interesses stehender, physisch anspruchsvoller, landschaftlich schöner Skiberg mit zwei prächtigen Abfahrten nach Nordwest und Nordost; im unteren Teil auf Forststraße. Die Nordostabfahrt erfordert sichere Verhältnisse.

Günstige Jahreszeit/Schwierigkeit: Januar mit April / [2]

Anstiegshöhe und -dauer: 1450 Hm, 4 Stunden.

Ausgangs- und Stützpunkt: An der Straße oberhalb Kolsassberg bei knapp 1100 m. Kein Stützpunkt auf der Tour.

Anreise: Inntalautobahn bis Schwaz oder Wattens, anschließend auf der Bundesstraße nach Kolsass. Im Dorf nach Kolsassberg abzweigen. An der dreifachen Gabelung hinter dem »Jagerwirt« die mittlere Straße wählen und auf dieser bis vor die Rechtskehre auf ca. 1100 m.

Karten: ÖK, 119, »Schwaz« und 149, »Lanersbach«, 1: 50000. f&b, 151, »Zillertal, Tuxer Voralpen, Jenbach-Schwaz«, 1: 50000

Hinweis: Schneeketten bereithalten. Beschränkte Parkmöglichkeiten.

Anstieg: Vom Scheitel der genannten Rechtskehre auf einer gesperrten Forststraße zunächst nur schwach ansteigend weiter (Ww. »Nafing, Krovenz«) und auf einer Brücke über einen Bachgraben. Auf der Forststraße bis zu einer Weggabelung (knapp 100 Hm und ¼ Std. ab Kehre). Der Hauptweg führt nun gerade aus nach Nafing weiter. An der Weggabelung rechts abzweigen und auf einer Forststraße in einigen Kehren durch Hochwald zur Studlalm Ⓐ (1600 m, knapp 1½ Std. ab Kehre). Bei Weggabelungen hält man sich immer rechts. An der Alm wird der Blick auf den Wildofen (linker, kreuzgeschmückter Gipfel) frei. Auf Almböden an der östlichen Talseite aufwärts, bald in einen lichten Zirbelwald und nach ein paar Minuten links über einen steilen, lichten Hang Ⓑ. Nach der ersten Steilstufe Ⓒ halbrechts und auf den langen, baumfreien Nordgrat Ⓓ des Wildofen hinaus (ca. 1000 Hm und etwa 2½ Std. ab Kehre). Der weitere Anstieg, der nicht mehr zu verfehlen ist, vollzieht sich in einer guten Stunde entlang des Kammes nach Süden zum Gipfel (2553 m, 4 Std. ab P.).

Abfahrt: *Nordwestabfahrt:* Am sichersten auf der Anstiegsroute.
Nordostabfahrt: Bei lawinensicheren Verhältnissen fährt man zunächst vom Wildofen kurz nordseitig ab, um sich dann den prächtigen, schon beim Anstieg und am Gipfel gut einsehbaren Osthängen zuzuwenden, die über freies Gelände zur Tagetlahnalm hinabführen. Von dort geht es

noch ca. 100 Hm weiter, und man zweigt bei einer Hütte links ab, um auf einem Forststraßl über die Sagbergaste zum Ausgangspunkt zurückzukehren.

Wildofen
D

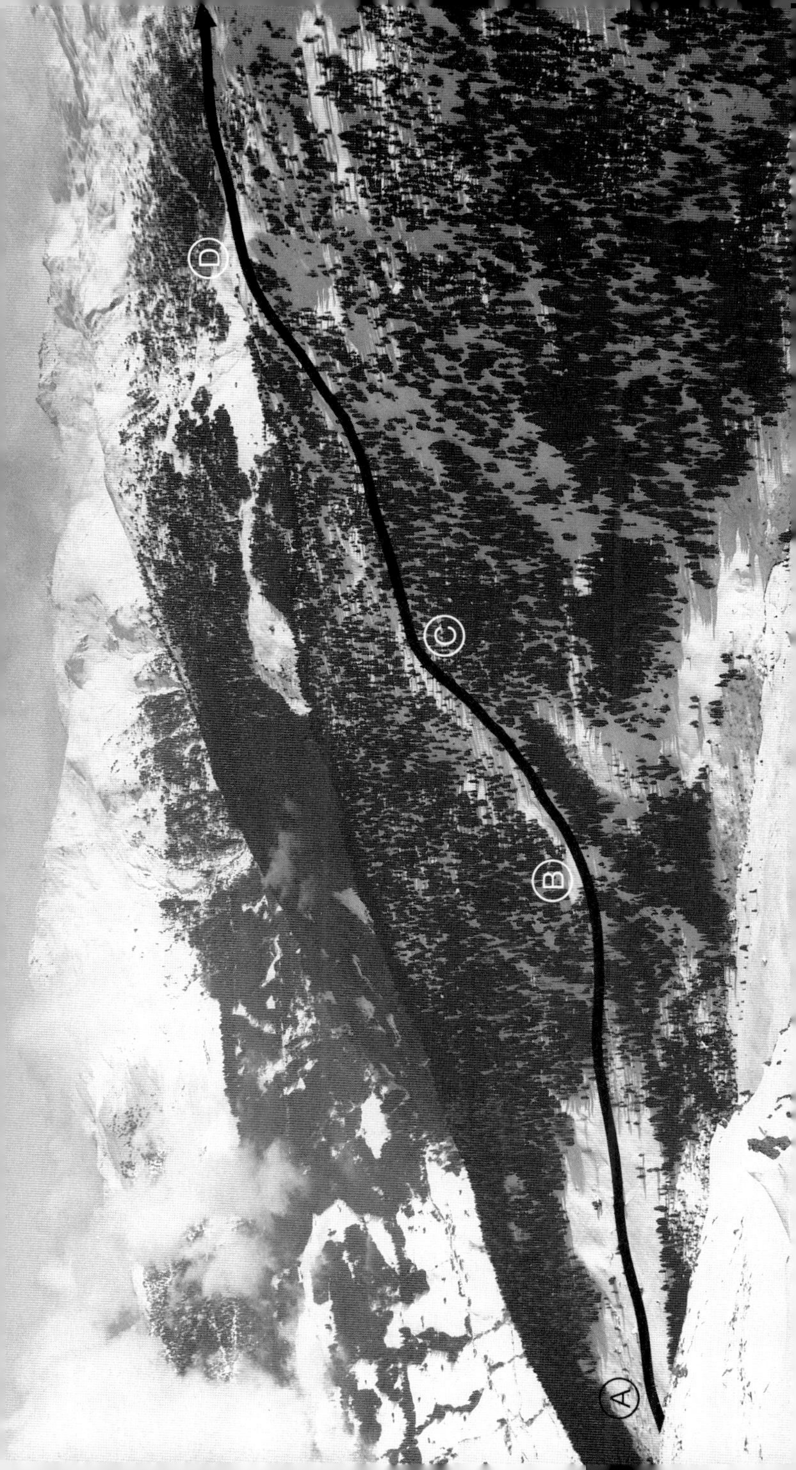
A
B
C
D

41 Haneburger 2596 m
42 Malgrübler 2749 m

Tuxer Alpen

Charakterisitk: Eine versteckte, konditionell anspruchsvolle Skitour ab Hochwinter mit einer Nordwestabfahrt über freie Hänge, durch einen Waldgürtel, über Almwiesen und auf einer Talstraße. Lawinengefahr bei vernünftiger Routenwahl gering, reichliche Schneeauflage erforderlich.

Günstige Jahreszeit/Schwierigkeit: Mitte Januar mit April / [2]

Anstiegshöhe und -dauer: Malgrübler 1650 Hm, fast 5 Stunden. Haneburger 1500 Hm, 4½ Stunden.

Ausgangs- und Stützpunkt: Volderwildbad (1104 m). Kein Stützpunkt auf der Tour, da die Voldertalhütte im Winter geschlossen ist. Gasthaus-Pension »Volderwildbad« am Ausgangspunkt der Tour geöffnet.

Anreise: Inntalautobahn bis Wattens, dort nach Großvolderberg abzweigen, dann 7 km nach Volderwildbad.

Karten: AV, 31/5, »Innsbruck und Umgebung«, mit Skirouten, 1: 50000. f&b, 151, »Zillertal, Tuxer Voralpen«, 1: 50000

Hinweise: Unbedingt Ketten mitnehmen! Auf der Talstraße von Volderwildbad zur Voldertalhütte besteht im Winter Fahrverbot; sie wird als Rodelbahn benützt. Auf der Tour ist Orientierungssinn und Gespür für das Gelände erforderlich.

Anstieg: Auf der Talstraße zuerst am Westufer, ganz zuletzt am Ostufer des Baches in Richtung Voldertalhütte. Kurz davor nicht zur Hütte abzweigen, sondern auf der Straße noch ein Stück weiter, bis sich links die Almwiesen der Haglachalm öffnen (ca. 3½ km und knapp 1 Std. ab Volderwildbad). Über die Almwiesen zu dem schon von unten sichtbaren Sternbach-Niederleger Ⓐ (knapp 1600 m) empor und geradeaus bis zum obersten Wieseneck. Ca. 200 Hm in etwa gleicher Richtung durch einen breiten Hochwaldgürtel (Markierung des Sommerweges an den Bäumen!). Die eingebetteten Schonungen tangiert man zuerst rechts, dann links. Außerdem überquert man bei etwa 1700 m eine Forststraße Ⓑ. Oberhalb des geschlossenen Waldgürtels tritt man auf die Wiesen der Markisalm Ⓒ (1896 m, 2½ Std. ab P.) hinaus. Den anschließenden lichten Zirbenwaldgürtel durchquert man halbrechts aufwärts, etwa in Richtung Haneburger, dessen Gipfelkreuz gut zu sehen ist. Auf etwa 2200 m erreicht man freie Hänge, über die man ca. 300 Hm schräg rechts ansteigt, die Spur dabei ganz dem Gelände anpaßt.

Zum Haneburger: Man strebt auf die Scharten südlich(!) des Gipfels zu (Skidepot an der linken, höchsten Scharte, ca. 2550 m Ⓓ) und besteigt den Südgipfel über den leichten, von Blöcken gebildeten Südgrat zu Fuß in knapp 10 Minuten (2596 m, 4½ Std. ab P.). Der etwas niedrigere Nordgipfel mit dem Gipfelkreuz wird dabei nicht erreicht.
Zum Malgrübler: Man quert etwas unterhalb der Scharten nach Süden und betritt den aussichtsreichen Gipfel über den meist verblasenen Nordwestgrat (teils zu Fuß) oder mit Ski über die Flanke rechts des Gipfels (2749 m, 5 Std. ab P.). Man kann die beiden Gipfel miteinander verbinden: etwa 1 Stunde vom Haneburger zum Malgrübler.

Abfahrt: Wie Anstieg.

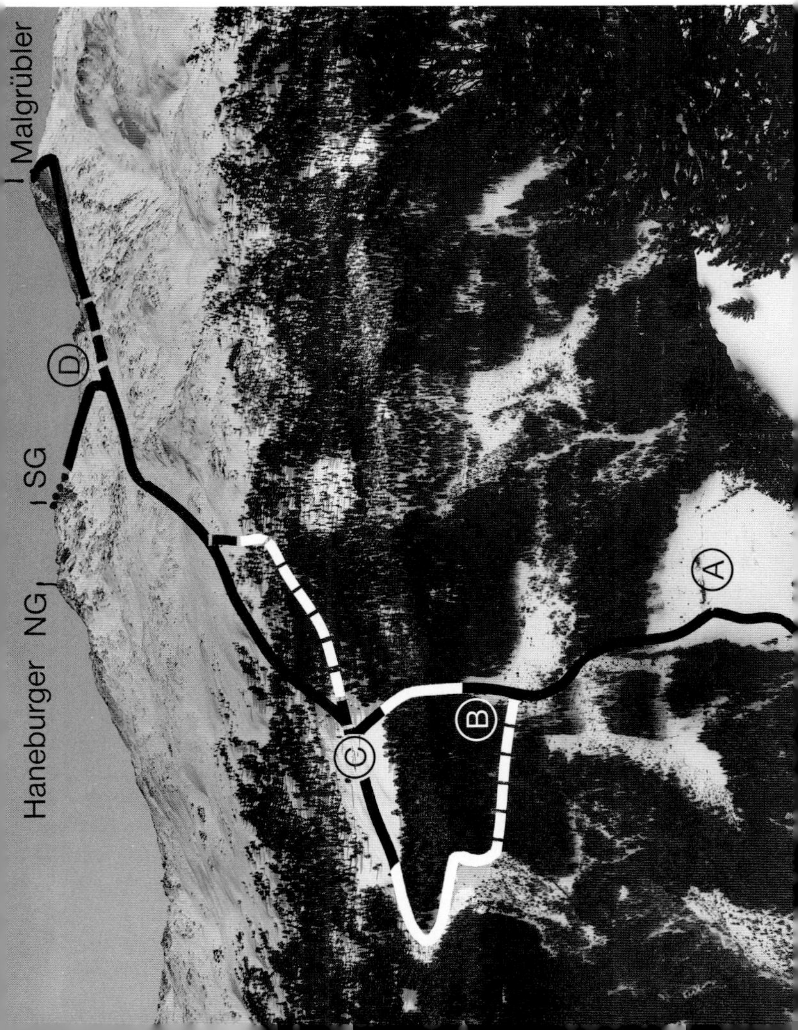

43 Seeköpfl 2717 m
Grünbergspitze (Grünberger) 2790 m
Rosenjoch 2796 m

Tuxer Alpen

Charakteristik: Lange Tagestour mit einer Abfahrt über weite, hindernislose, nach Nordwesten bis Südwesten geneigte Hänge und eine Forststraße. Landschaftlich reizvoll, nicht lawinensicher! Ausreichende Sichtverhältnisse erforderlich!

Günstige Jahreszeit/Schwierigkeit: Januar bis April / [2]

Anstiegshöhe und -dauer: Seeköpfl gut 1300 Hm, 3½ Stunden. Grünberger 1400 Hm, 4 Stunden. Rosenjoch 1400 Hm, gut 4 Stunden.

Ausgangs- und Stützpunkt: Neuer Parkplatz (1400 m) 200 m bis 300 m vor dem Hinterlarcher. Kein Stützpunkt auf den Touren.

Anreise: Brennerautobahn bis Ausfahrt Patsch (Maut!) oder Inntalautobahn bis Hall bzw. Innsbruck, dann über Aldrans, Patsch, Ellbögen-St. Peter, Mühltal bis Klinger. Dort scharf links abbiegen und an einer weiteren Gabelung erneut links bis zum großen, neuen Parkplatz vor dem Hinterlarcher.

Karten: AV, 31/5, »Innsbruck und Umgebung«, mit Skirouten, 1: 50000. ÖK, 148, »Brenner«, 1: 50000

Hinweise: Schneeketten bereithalten. Die an der Anstiegsroute liegenden zwei Hütten (Rosenjochhütte, ESV-Hütte) sind im Winter geschlossen (privat). Zum »Grünberger« siehe auch Tour 44 »Grafmartspitze«.

Seeköpfl

Anstieg: Vom Parkplatz auf der Straße zum Hinterlarcher und danach auf einer Forststraße in leichter Steigung taleinwärts zu einer Kapelle. Nun entweder in gleicher Richtung auf dem Sommerweg weiter oder kurz vor der Kapelle – wie bei der Abfahrt – in einer Links-Rechts-Schleife auf der Forststraße talaufwärts bis zu einer großen Lichtung unter der Rosenjochhütte, bei der sich beide Wege nahe einer Holzhütte und einem Wegkreuz (300 Hm ab P.) wieder treffen. Entlang eines Materiallifts steigt man zur Rosenjochhütte an (1 Std. ab P.) und durchquert nach rechts einen letzten Waldstreifen. Man folgt dem Bach an seinem nördlichen Ufer bis er sich verzweigt. Dort gleitet man einige Meter zum Bach hinab (Steg, gut 1800 m) und zieht jenseits über einen Hang zur versteckten ESV-Hütte (ca. 20 Min. von der Rosenjochütte). Etwas darüber erreicht man einen Boden (Abzweigung der Route zum

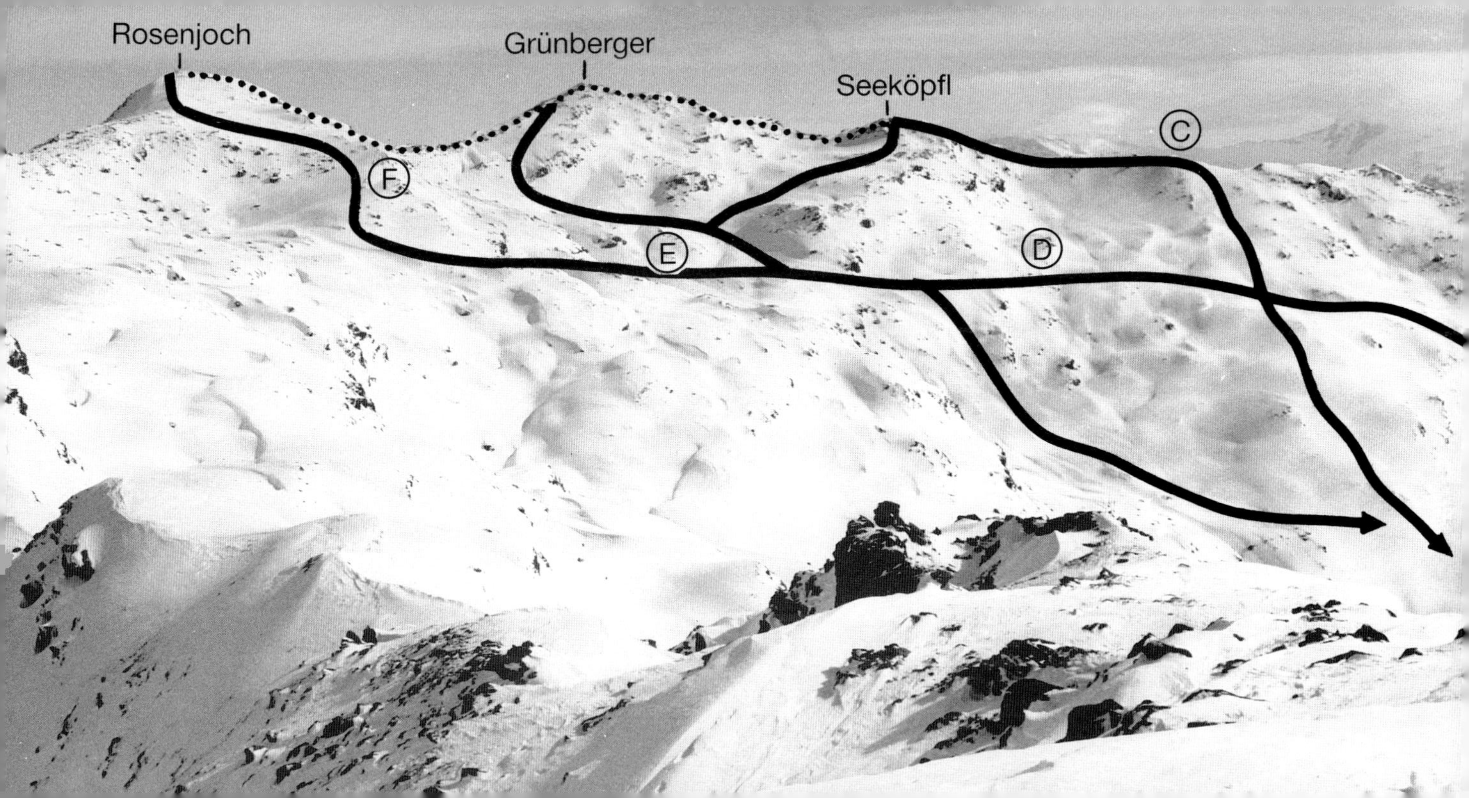
Rosenjoch
Grünberger
Seeköpfl
C
D
E
F

Arztaler Kreuzjöchl nach rechts). Man durchquert den Talboden in östlicher Richtung und kommt über eine Geländestufe Ⓐ zur weiten Karmulde des Seeblesboden. In einem langgezogenen Linksbogen zieht man seine Spur über einen Rücken Ⓑ und schöne Hänge zum SW-Kamm des Seeköpfl hinauf und dann nach links über eine Schulter Ⓒ zum abgeblasenen Gipfel (2717 m, 3½ Std. ab P.).

Abfahrt: Wie Anstieg. Bei geschickter Geländewahl kann man in der oberen Hälfte häufig zwischen Südwest-, West- und Nordwesthängen wählen und sich der besten Schneelage anpassen.

Grünberger - Rosenjoch

Anstieg: Beim Übergang vom Seeköpfl zum Grünberger und Rosenjoch kann man sich ganz an den Kammverlauf halten. Man überwindet die Strecke aber weitgehend zu Fuß. Zwischen den einzelnen Gipfeln muß man jeweils in eine Scharte absteigen. Seeköpfl - Grünberger: ½ Stunde, Grünberger - Rosenjoch: ¾ Stunden. Für den Skifahrer lohnender ist es, von der Seeköpfl-Route auf etwa 2500 m Höhe Ⓓ nach links abzuzweigen und unter dem Seeköpfl vorbeizuqueren. Dabei gelangt man unter dem Grünberger auf eine weite Terrasse Ⓔ, von der man den Gipfel angeht (2790 m, 4 Std. ab P.). Zum Rosenjoch zieht man unter dem Grünberger in nördlicher Richtung weiter und um die Westrippe Ⓕ des Rosenjochs herum zum höchsten Punkt (2796 m, gut 4 Std. ab P.). Das Gelände ist bei gutem Wetter recht übersichtlich.

Abfahrt: Wie Anstieg. Das weitläufige Gelände ermöglicht in der oberen Hälfte bei sicheren Verhältnissen häufig eine Anpassung an die günstigste Schneelage (Hangneigung in Richtung Südwest, West, Nordwest).

Heißer Tee ist auf einer Skitour nicht nur bei widerlichen Verhältnissen wohltuend.

Seeköpfl
C
D
E
B
A

44 Grafmartspitze 2720 m

Tuxer Alpen

Charakteristik: Eine der prächtigen Firntouren des Navistales mit überwiegend südseitiger Abfahrt durch ein weites Hochtal, weitgehend baumfreie Hänge und zuletzt auf einer breiten Forststraße. Sehr schön auch bei Pulverschnee; lawinensichere Verhältnisse erforderlich!

Günstige Jahreszeit/Schwierigkeit: Januar mit April / [2]

Anstiegshöhe und -dauer: Knapp 1200 Hm, 3 Stunden.

Ausgangs- und Stützpunkt: Parkplatz 200 m hinter Liesn (ca. 1540 m). Gasthäuser am Ausgangspunkt. Kein Stützpunkt auf der Tour.

Anreise: Brennerstraße oder Brennerautobahn bis Matrei, südlich des Bahnhofes nach Navis, dort wieder links abbiegen und zu den Grünhöfen und Liesner Höfen (10 km ab Bahnübergang Matrei) hinauf.

Karten: AV, 31/5, »Innsbruck und Umgebung«, mit Skirouten, 1: 50000. ÖK, 148, »Brenner«, 1: 50000. f&b, 241, »Innsbruck, Stubai, Brenner«, 1: 50000

Hinweise: Schneeketten bereithalten. Harscheisen mitnehmen.

Anstieg: Vom Parkplatz hinter Liesn auf einer breiten, für den Verkehr gesperrten Forststraße in gut 20 Minuten zur Peeralm Ⓟ (1663 m). Etwas oberhalb der Alm auf einem Ziehweg links in den Wald und nur leicht steigend bis vor einen großen Graben Ⓐ (200 Hm ab P.). Vor diesem rechts und knapp 100 Hm über einen bewaldeten Rücken an die Schwelle eines breiten Hochtales Ⓑ (knapp 1 Std. ab P.). Hier ist die Waldgrenze, außerdem gewinnt man einen guten Überblick über den weiteren Routenverlauf. Zuerst geht man auf der Ostseite des Tales in mäßiger Steigung in den weiten Talboden (ca. 1900 m), dann quert man bequem auf die Westseite (Brücke bei einem Materiallift) Ⓒ. (Hierher führt auch auf einer etwas längeren Route das Almstraßl, das unmittelbar vor der Brücke ⓧ unter der Peeralm scharf links abzweigt.) Vom Talboden in einem Bogen im Uhrzeigersinn über schöne, zum Teil steile Hänge auf eine Geländestufe zur kleinen, etwas versteckten Ochsnerhütte Ⓓ (2265 m, knapp 2 Std. ab P.). In einer weiteren Stunde durch Mulden und über kleine Stufen in einem leichten Rechts-Bogen auf die unbenannte Scharte Ⓔ zwischen Grünberger (links) und Grafmartspitze (rechts, 2720 m, 3 Std. ab P.), die man von der Scharte in wenigen Minuten erreicht. Etwas länger und schwieriger ist der Anstieg auf den Grünberger (2790 m, siehe auch Tour Nr. 43).

Abfahrt: Wie Anstieg.

Grünberger
Grafmartspitze
-verdeckt-
D
C
B
A
P
X
zur
Naviser Sonnenspitze

45 Naviser Sonnenspitze 2620 m

Tuxer Alpen

Charakteristik: Weite, freie Südhänge von unterschiedlicher Steilheit, eine breite Forststraße und ein Grat charakterisieren die Frühjahrs-Skitour zur Naviser Sonnenspitze. Ausreichende Sicht und stabile Schneeverhältnisse sind auf dieser Tour Voraussetzung. Bei ganz sicherer Schneelage auch im Hochwinter schon durchführbar.

Günstige Jahreszeit/Schwierigkeit: März mit April / [2]

Anstiegshöhe und -dauer: Knapp 1100 Hm, 3 Stunden.

Ausgangs- und Stützpunkt: Siehe Tour 44.

Anreise: Siehe Tour 44.

Karten: Siehe Tour 44.

Hinweise: Siehe Tour 44.

Anstieg: Wie bei Tour 44 auf der breiten Forststraße in gut 20 Minuten zur Peeralm Ⓟ, von der man den Gipfel der Naviser Sonnenspitze bereits sieht. Ebenfalls kann man in gleicher Richtung die Zeheteralm [Z] erkennen, zu der man über freie Hänge gelangt (350 Hm und 1 Std. ab P.). Von hier noch ca. 70 Hm gerade hinauf, dann schräg rechts weiter und im Links-Bogen um eine Schulter Ⓐ herum. Nun folgt man den weiten Rücken und Hängen zur Grafmartalm Ⓑ (2161 m, gut 1½ Std. ab P.) und steuert dahinter geradewegs auf das Naviser Jöchl zu, das man über einen schweißtreibenden Steilhang erreicht, der stabile Schneeverhältnisse erfordert (2470 m, 2½ Std. ab P.). Man wendet sich nach rechts (Osten) auf den Grat und steigt unmittelbar hinter einem Felskopf Ⓒ über eine kurze Steilstufe auf die Grathöhe an. In leichtem Auf und Ab folgt man ihm, quert kurz vor dem Gipfel einen beherrschenden Turm Ⓓ auf seiner Nordseite (links) und steht in wenigen Minuten auf der Sonnenspitze (2620 m, 3 Std. ab P.).

Abfahrt: Wie Anstieg.

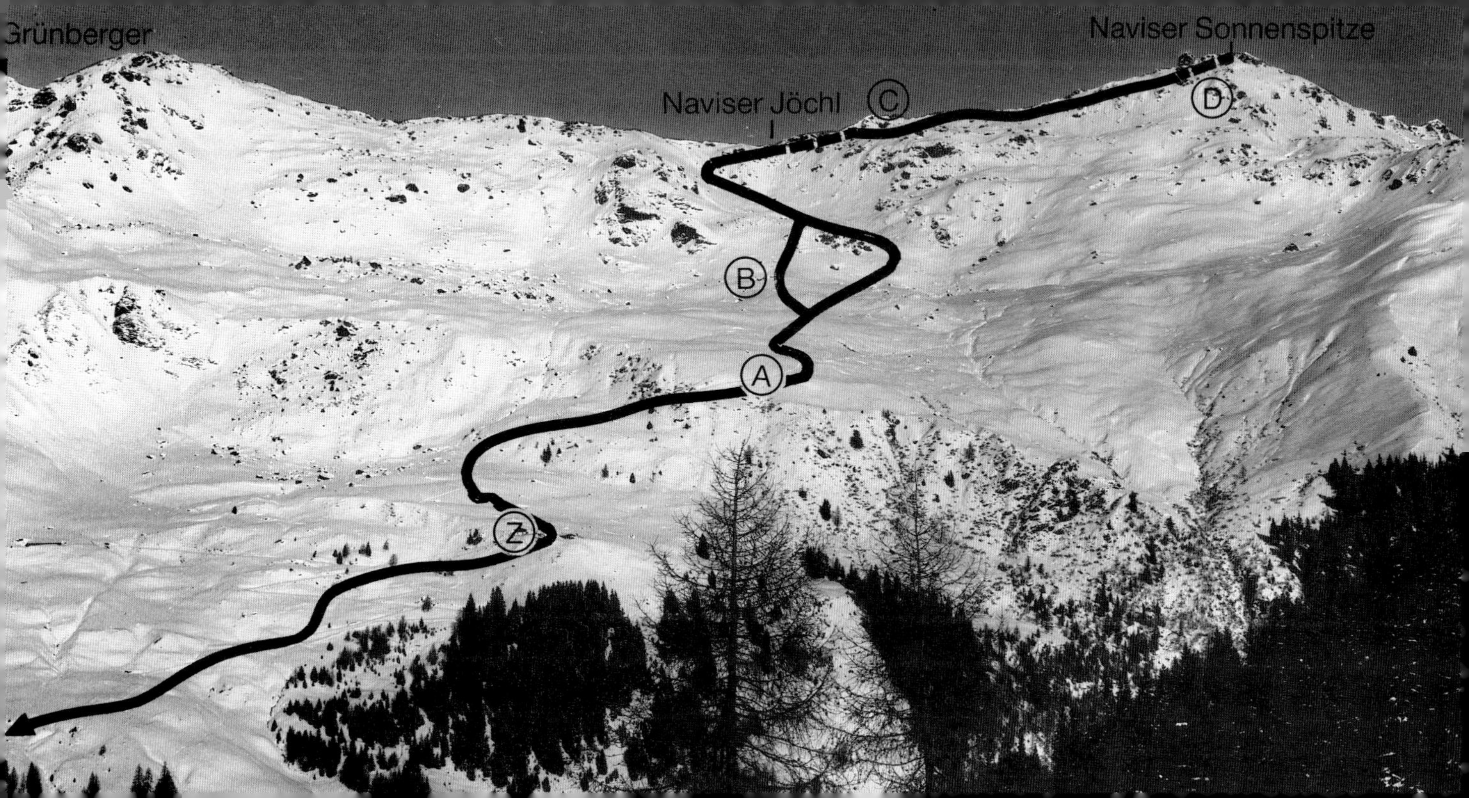
Grünberger
Naviser Sonnenspitze
Naviser Jöchl
C
D
B
A
Z

46 Torhelm 2452 m
47 Seespitz 2350 m

Zillertaler Alpen

Charakteristik: Zwei prächtige Skiberge mit weitgehend gemeinsamer Anstiegs- und Abfahrtsroute über ost- und vor allem nordseitige, freie Hänge. Der Torhelm ist das etwas längere und im Gipfelbereich auch anspruchsvollere Tourenziel. Nicht lawinensicher.

Günstige Jahreszeit/Schwierigkeit: Januar bis April / [2]

Anstiegshöhe und -dauer: Torhelm gut 1200 Hm, gut 3 Stunden. Seespitz gut 1100 Hm, 3 Stunden.

Ausgangs- und Stützpunkt: Gasthaus »Kühle Rast« an der Gerlosstraße (1191 m). Kein Stützpunkt auf der Tour.

Anreise: Zillertal bis Zell am Ziller, dann Richtung Gerlos. Gut 1 km vor Gmünd steht an der rechten Straßenseite die »Kühle Rast«.

Karten: ÖK, 150, »Mayrhofen«, 1: 50000. f&b, 152, »Mayrhofen, Zillertaler Alpen, Gerlos-Krimml«, 1: 50000

Hinweise: Für die Gerlosstraße Ketten bereithalten. Den Torhelm in den Zillertaler Alpen darf man nicht mit dem Torhelm in den Kitzbüheler Alpen (Tour 29) verwechseln!

Anstieg: Vom Parkplatz an der »Kühlen Rast« auf einem eben verlaufenden Forststraßl in südlicher Richtung in 5 Minuten durch einen Waldgürtel. Unmittelbar dahinter (Gatter mit Ww. »Seespitze 8, Kolmhaus«) rechts über gutgestufte und von vereinzelten Stauden bewachsene Wiesenhänge gut 350 Hm zu der schon von der »Kühlen Rast« sichtbaren Weißbachlalm (A) (1543 m, knapp 1 Stunde ab P.). Von der Alm (Ww. »Kolmhaus«) auf einem Ziehweg rechts des breiten Wiesenrückens nur leicht steigend in das obere Weißbachtal. Dabei durchquert man einen Waldstreifen, hinter dem sich auf der linken Seite wieder Almwiesen öffnen. Über diese zum Weißbachl-Mitterleger (B) (1757 m, 1½ Std. ab P.) empor und in gleicher Richtung über etwas steileres Gelände, nach gut 150 Hm an einem einzelnen Heuschober vorbei, auf den darüberliegenden Kamm. Diesem folgt man nach rechts, bis er sich in einem Graben in westlicher Richtung fortsetzt. Hier gabeln sich die Routen (C):
Zum Torhelm: Den Graben nach rechts queren und auf den Ostrücken, über den man bis zum Gipfel des Torhelm zieht. Im oberen Teil, in dem sich der Rücken zu einem Grat aufstellt (D), am besten zu Fuß. Achtung: Wächten linksseitig! (2452 m, gut 3 Std. ab P.).
Zum Seespitz: Im Graben weiter bis unter eine Scharte, zuerst in einem

Links-, anschließend in einem Rechts-Bogen auf den Gipfel (2350 m, 3 Std. ab P.). Der Anstieg zum Seespitz ist leichter und etwas kürzer als der zum Torhelm.

Abfahrt: In beiden Fällen wie Anstieg.

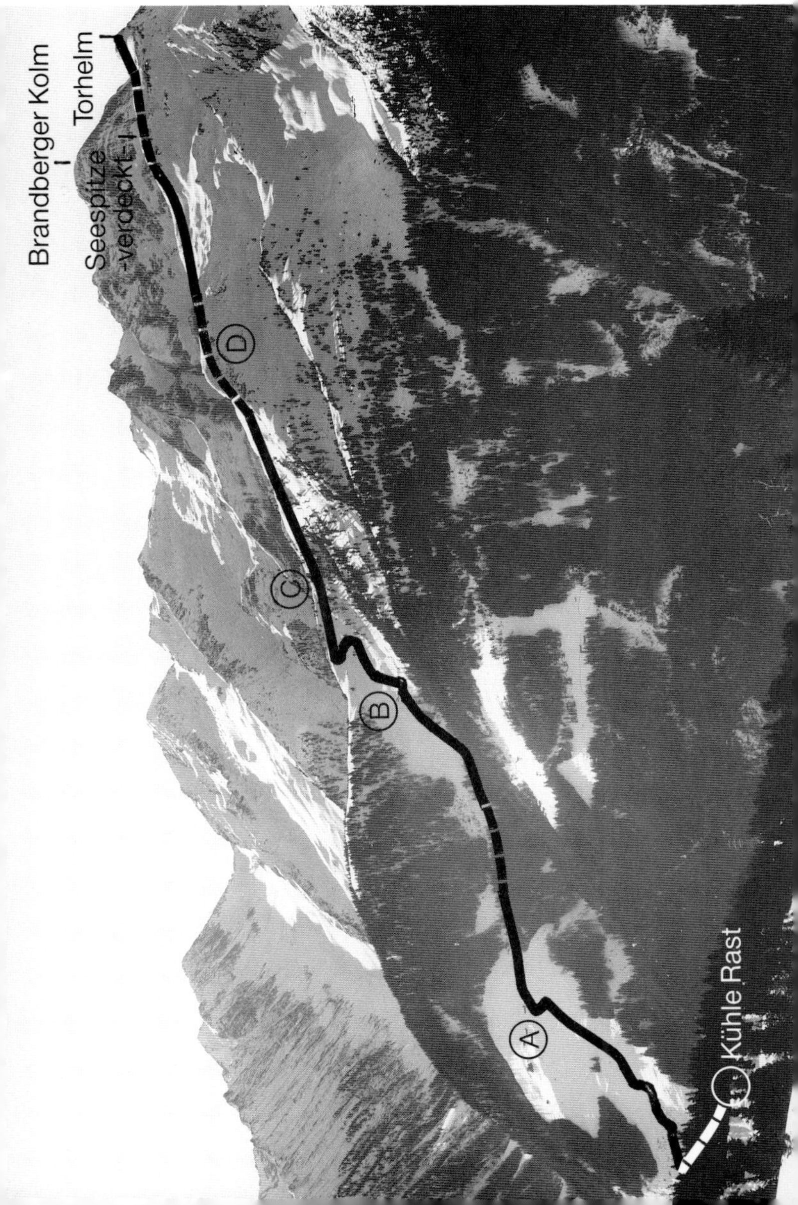

48 Wildkarspitze 3076 m

Zillertaler Alpen

Charakteristik: Konditionell wie technisch anspruchsvolle Skihochtour über dem Gerlospaß mit nordwestseitiger Abfahrt. Steiler und luftiger Gipfelanstieg sowie Querung stark lawinengefährdeter Hänge.

Günstige Jahreszeit/Schwierigkeit: April und Mai / [3]

Anstiegshöhe und -dauer: Über Sporthotel auf der Gerlosplatte 1400 Hm (Abfahrt 1300 Hm). Oder über Finkau 1650 Hm (Abfahrt mindestens 1100 Hm). Jeweils 4½–5 Stunden.

Ausgangs- und Stützpunkt: Sporthotel auf der Gerlosplatte (1687 m), oder Wirtshaus in der Finkau (1420 m). Kein Stützpunkt auf der Tour.

Anreise: Inntalautobahn, ins Zillertal bis Zell am Ziller, dann zum Gerlospaß und zur Gerlosplatte (Lifte), zuletzt Mautstraße. Oder Kitzbühel – Paß Thurn – Mittersill oder Zell am See – Mittersill und zum Gerlospaß. In die Finkau unmittelbar vor der Mautstelle am Gerlospaß abzweigen.

Karten: AV, 35/3, »Zillertaler Alpen«, Östl. Blatt mit Skircuten, 1: 25000. f&b, 152, »Mayrhofen, Zillertaler Alpen, Gerlos-Krimml«, 1: 50000

Hinweise: Pickel oder Steigeisen für den luftigen Gipfelanstieg empfehlenswert (evtl. Seil). Die Finkau-Route ist erst ab Öffnung der Straße dorthin (Anfang Mai) möglich. Die Wildkarspitze kann auch von Krimml über das Seekar bestiegen werden.

Anstieg: *Gerlos-Route:* Der gebräuchlichste Anstieg zur Wildkarspitze ist trotz der langen Querfahrten (ungefähr 3 km) und der Lawinenbedrohung die Route über die Gerlosplatte. Man steigt vom Sporthotel etwa 150 Hm rechts des Lifts empor und quert dann rechts auf die Westseite des Berges. Dabei hält man sich stets an ein Almstraßl, das ins Schneggenkarl Ⓐ führt. Unter Lawinenhängen(!) etwa in gleicher Höhe (gut 1900 m) um Ecken und Einbuchtungen und durch lichten Zirbenbestand weiter und schließlich auf die Terrasse mit der Wildkarhütte Ⓑ (Alm, 1973 m, 1½ Std. ab P.). Über freie, gestufte und muldenartige Hänge steigt man, sich mehr links haltend, in knapp 1½ Stunden zum Wildkarsee Ⓒ an (2519 m). Entlang des linksseitigen Felskammes strebt man in einer weiteren guten Stunde über zunächst mäßig geneigte und zuletzt steilere Hänge dem Sattel im Nordostgrat (links) der Wildkarspitze zu (Skidepot) Ⓓ. In ½ Stunde erreicht man in Kletterei über den Blockgrat, der auf den letzten 50 Hm stark aufsteilt, den luftigen Gipfel (3076 m, 4½ Std. ab P.).
Finkau-Route: Der Anstieg über die Finkau meidet zwar die lawinenge-

Wildkarspitze
D
C
B
A
Plattenkogel
Drisslalm
Finkalm
-verdeckt-

fährdeten Hänge und langen Querfahrten, hat aber einen steilen, bewaldeten Sockel zu überwinden und weist etwa 250 Hm mehr auf (4½–5 Std. ab P.). Vom Wirtshaus in der Finkau steigt man auf einer Almstraße, zum Teil auch auf dem alten Hüttenweg, zur Drisslalm (1583 m, ½ Std. ab P.) an, bei der links der Leitenkammersteig abzweigt, der über eine steile, bewaldete Flanke in 1 Stunde zur Wildkarhütte Ⓑ hinaufführt (1973 m). Dort mündet er in die Anstiegsroute von der Gerlosplatte.

Abfahrt: In beiden Fällen wie Anstieg.

49 Hoher Riffler 3228 m

(Tuxer Riffler)

Zillertaler Alpen

Charakteristik: Prächtiger, vergletschter Aussichtsberg abseits des Trubels an der Tuxer Gletscherbahn mit kurzem Anstieg und langer, zumeist nord-, teilweise auch westseitiger Abfahrt. Sichere Verhältnisse erforderlich.

Günstige Jahreszeit/Schwierigkeit: März bis Mai / [2]

Anstiegshöhe und -dauer: 650 Hm, gut 2 Stunden.

Ausgangs- und Stützpunkt: Hintertux (1500 m), Spannagelhaus (2528 m), bewirtschaftet, etwas unterhalb der Seilbahnstation »Tuxerfernerhaus« (2610 m).

Anreise: Inntalautobahn bis Ausfahrt Zillertal, dann nach Hintertux. Von hier mit der Kabinenseilbahn über zwei Sektionen zum Tuxerfernerhaus.

Karten: AV, 35/1, »Zillertaler Alpen«, Westl. Blatt mit Skirouten, 1 : 25000. f&b, 152, »Mayrhofen, Zillertaler Alpen, Gerlos-Krimml«, 1 : 50000.

Hinweise: Für die steile Bergstrecke von Mayrhofen nach Hintertux (17 km) sollte man Schneeketten bereithalten. Wegen des oft großen Trubels an der Hintertuxer Gletscherbahn empfiehlt sich frühzeitige Anreise.

Anstieg: Vom Tuxerfernerhaus Ⓐ unter der Seilbahn hindurch und 100 Hm schräg links gegen den Nordpfeiler der Gefrorenen Wand empor, dann nach links zu einer kurzen, unangenehmen, steilen Querung und ca. 30 Hm auf den östlichen Lappen des Gefrorenen-Wand-Keeses hinab. Über schöne Mulden und Rampen deutlich unterhalb des Grates in meist mäßiger Steigung auf das unter dem Riffler eingelagerte Schwarzbrunnerkees Ⓑ (gut 1 Std. ab Lift) hinüber, unter der Riffler-Westflanke vorbei und durch eine Steilrinne – am bestem am rechten Rand – auf den riesigen Sattel links des Riffler, an dem man das Federbettkees betritt. Nach rechts und über mäßig geneigte Hänge zum Gipfel (3228 m, gut 2 Std. ab Seilbahn).

Abfahrt: Zunächst auf der Anstiegsroute zum Schwarzbrunnerkees Ⓑ hinab. Standfeste Skifahrer können bei sicheren Verhältnissen gleich durch die folgende Steilrinne Ⓒ nach rechts abfahren. Gewöhnlich läßt man es aber unter der Anstiegsspur nach Westen hinüberlaufen und schwingt in dem Graben östlich des Spannagelhauses Ⓓ zur Kleegrube Ⓔ, bei der beide Abfahrtsrouten zusammentreffen. Auf etwa

2100 m quert man über den Kleinen Kunerbach nach links hinaus, fährt noch ein Stück über einen Rücken ab und erreicht schließlich unter der Seilbahn einen Kessel Ⓕ. Auf dessen rechter Seite (Csten) stößt man auf einen kleinen Schlepplift, mit dem man zur Sommerbergalm Ⓖ (Bergstation der 1. Sektion) gelangt, sofern man sich den Gegenanstieg über ca. 70 Hm (10 Min.) sparen will. Die Abfahrt ins Tal erfolgt zuletzt auf der Piste.

Gefrorne Wand
B
C
D
E
F

50 Vennspitze 2390 m

Zillertaler Alpen

Charakteristik: Einfache und beliebte Tour vom Frühwinter bis zum Frühjahr mit nordwestseitigen Hängen über freies Gelände in der oberen Hälfte und einem von Schneisen und Lichtungen durchsetzten Waldgürtel. Bei richtiger Geländewahl kaum Lawinengefahr.

Günstige Jahreszeit/Schwierigkeit: Dezember mit April / [1]

Anstiegshöhe und -dauer: 800 Hm, 2 Stunden.

Ausgangs- und Stützpunkt: Padauner Sattel, nahe dem Gasthaus »Steckholzer« (1570 m). Kein Stützpunkt auf der Tour.

Anreise: Brennerstraße bis Stafflach, dann nach St. Jodok; an der Kirche rechts dem Wegweiser Vals und zuletzt Padaun folgen.

Karten: ÖK, 148, »Brenner«, 1: 50000. f&b, 241, »Innsbruck, Stubai, Sellrain, Brenner«, 1: 50000

Hinweis: Auf der Straße zum Padaunersattel benötigt man häufig Schneeketten.

Anstieg: Von der Straße entlang eines kleinen Lifts über mäßig geneigte Hänge in südöstlicher Richtung hinauf und in der Folge rechts des Baches durch eine Waldschneise und durch Lichtungen zu einem kleinen Waldkessel unter der Nordflanke des Padauner Berges. Zwischen dieser und dem Wald über eine Steilstufe auf flache Böden oberhalb der Waldgrenze. (Hierher auch direkt vom Gasthaus »Steckholzer« durch lichten Lärchen- und Zirbelwald. Diese Variante nur für den Anstieg!) Bei etwa 2000 m treffen beide Routen zusammen. Nun zunächst auf die Vennspitze zu, dann über einen konkaven Hang auf eine Einschartung in ihrem Westgrat (Zaun). Zuletzt am Grat oder links davon zum Gipfel; das letzte Stück u. U. zu Fuß (2390 m, 2 Std. vom Padauner Sattel).

Abfahrt: Wie Anstieg.

Vennspitze

51 Wolfendorn 2775 m

Zillertaler Alpen

Charakteristik: Seit langem begehrtes Skitourenziel im Bereich des Brenners mit süd- und westseitigen freien Hängen und einem bewaldeten Sockel. Besonders im Gipfelbereich und auf etwa halber Höhe besteht Lawinengefahr. Lohnende Firntour auf eine prächtige Aussichtswarte!

Günstige Jahreszeit/Schwierigkeit: Ende März bis Anfang Mai / [2]

Anstiegshöhe und -dauer: 1400 Hm, etwa 3½ Stunden.

Ausgangs- und Stützpunkt: Gasthaus »Wolf« (»Al Lupo«) am Brennerpaß (1360 m). Kein Stützpunkt auf der Tour.

Anreise: Zum Brennerpaß. 2,5 km südlich der Grenzstation fährt man von der Bundesstraße(!) durch eine Autobahn- und Eisenbahnunterführung zum Gasthaus Wolf (Al Lupo – etwas unscheinbares, gelbes Hinweisschild).

Karten: ÖK, 175, »Sterzing«, 1: 50000. f&b, 241, »Innsbruck, Stubai-Sellrain, Brenner«, 1: 50000

Anstieg: Vom Gasthaus »Wolf« (ital. »Al Lupo«) geht man auf der gesperrten, in nördlicher Richtung führenden Forststraße weiter, die in einigen großen Schleifen den etwa 200 m hohen Waldgürtel überwindet und nach ½ Stunde die Luegeralm (1601 m) am Eingang eines großen Kessels Ⓐ erreicht. Man durchquert den Almkessel in östlicher Richtung, steigt dahinter in lichtem Lärchenwald an und überwindet schließlich einen längeren Steilhang, der auf einen schon beim Eintritt in den Almkessel sichtbaren Sattel Ⓑ führt (800 Hm, 2 Std. ab P.). Hier sieht man schräg links den Gipfel des Wolfendorn (Kreuz). Man zieht über das weitläufige, übersichtliche, von Mulden geprägte Gelände in einem weitgezogenen Bogen im Gegenuhrzeigersinn zum Gipfelaufbau, den man zuletzt von Süden her überwindet. Die letzten 150 Hm werden häufig zu Fuß bewältigt. Dabei hält man sich an die linke Begrenzungsrippe der steilen Südflanke (2775 m, knapp 3½ Std. ab P.).

Abfahrt: Die Abfahrt ist direkt vom Gipfel über die Steilflanke nach Süden möglich. Man hält sich ansonsten etwa an die Aufstiegsroute.

Wolfendorn
B
A
Luegeralm

52 Grubenkopf 2337 m
Geierskragen 2309 m

Stubaier Alpen

Charakteristik: Beliebte und auch für Anfänger geeignete Tourenziele am Südende des Obernbergtales (Brennergebiet) mit fast hindernisloser, nordseitiger Abfahrt. Die Lawinengefahr ist gering.

Günstige Jahreszeit/Schwierigkeit: Dezember bis April / 1

Anstiegshöhe und -dauer: Gut 900 Hm bis zum Grubenkopf bzw. Geierskragen, 2¼ Stunden. Zusätzlich gut 100 Hm bei Besteigung beider Gipfel, knapp ½ Stunde von Gipfel zu Gipfel.

Ausgangs- und Stützpunkt: Obernberg, Parkplatz beim Gasthaus »Waldesruh« (ca. 1400 m). Kein Stützpunkt auf der Tour.

Anreise: Brennerautobahn bis Ausfahrt Nößlach, dann nach Obernberg. Oder auf der Brenner-Bundesstraße bis Gries am Brenner, dann ins Obernbergtal.

Karten: ÖK, 148, »Brenner«, und 175, »Sterzing«, beide 1:50000. f&b, 241, »Innsbruck, Stubai-Sellrain, Brenner«, 1:50000

Anstieg: Vom Wirtshaus »Waldesruh« auf einem Sträßchen (Rodelbahn) in ½ Stunde zum Obernberger See (1594 m) und die halbe Länge des Sees an seinem Ostufer entlang. Nun durch eine Waldschneise links hinauf und dann ziemlich eben am Fuße der Westflanke des Koatnerberges auf recht übersichtlichem Gelände in südlicher Richtung auf den Geierskragen (linker der beiden im Süden stehenden Gipfel) zu. Nach einigen Heuhütten und einem unbedeutenden Gefälle überquert man einen Bachlauf Ⓐ und steigt dahinter über zwei Geländestufen und eine Mulde in die Scharte Ⓑ zwischen den beiden Gipfeln, das Grubjoch (2196 m, ca. 2 Std. ab P.) an. Über meist verblasene Ost- bzw. Westhänge erreicht man - häufig zu Fuß - in ca. 20 Minuten den Grubenkopf (2337 m) zur Rechten oder den Geierskragen (2309 m) zur Linken (2¼ Std. ab P.). Für den Übergang von Gipfel zu Gipfel benötigt man knapp ½ Stunde.

Abfahrt: Wie Anstieg. Bei sicheren Verhältnissen kann man vom Grubenkopf auch direkt über die Nordosthänge schwingen. Ebenfalls bei sicheren Verhältnissen besteht die Möglichkeit, vom Geierskragen ins Sandjoch Ⓒ und von dort steil nach Norden abzufahren. Man hält sich rechts(!) des Baches.

Geierskragen
oher Lorenzenberg
C
B
A

53 Ruderhofspitze 3473 m

Stubaier Alpen

Charakteristik: Konditionell wie skitechnisch anspruchsvolle Frühjahrshochtour, die unbedingt sicherer Firnverhältnisse bedarf. Die schwierigste Tour dieses Skiführers mit südseitiger, rassiger Abfahrt nur für erfahrene und standfeste Tourenskiläufer!

Günstige Jahreszeit/Schwierigkeit: März und April, evtl. noch Mai / [3]

Anstiegshöhe und -dauer: 1750 Hm, 4½ Stunden.

Ausgangs- und Stützpunkt: Parkplatz an der Mutterbergalm (1720 m), Talstation der Stubaier Gletscherbahn. Kein Stützpunkt auf der Tour.

Anreise: Brennerautobahn bis Ausfahrt Stubaital (unmittelbar hinter der Europabrücke) oder auf der Staatsstraße bis Schönberg, dann durch das ganze Stubaital bis zu seinem Ende.

Karte: AV, 31/1, »Stubaier Alpen - Hochstubai«, mit Skirouten, 1: 25000

Hinweise: Frühzeitiger Aufbruch empfehlenswert! Im Mai ist der etwa 500 m hohe Sockel der Ruderhofspitze meist schon ausgeapert. Harscheisen und evtl. Steigeisen mitnehmen.

Anstieg: Bei Ausaperung der unteren Hänge vom Parkplatz direkt über den Bach und jenseits auf einem Steig schräg links durch den Wald bis zu dessen Grenze (ca. 200 Hm ab P.) Bei Schneelage bis zum Talboden: besser auf der Piste in das rechte Tal und auf den ersten Absatz hinauf (ca. 1900 m), dann rechts weg und gemeinsam mit der ersten Variante bis kurz vor einen kleinen Wasserfall. Von dort in einer Links-Rechts-Schleife auf einen deutlichen Absatz Ⓐ (ca. 500 Hm ab P., gut 1 Std.). Von hier kann man den weiteren Routenverlauf gut überblicken. Zuerst ca. 600 Hm gerade empor, bei etwa 2800 m Ⓑ in einem Links-Bogen zum Ruderhofferner hinüber und über diesen wieder in nördlicher Richtung geradewegs zum Gipfel empor. Der spaltenarme Gletscher steilt zwischen 3200 m und 3300 m Ⓒ enorm auf. Diese Stufe überwindet man am besten meist zu Fuß, ehe sich der Gletscher unter dem Gipfel wieder zurücklehnt (3473 m, 4½ Std.).

Abfahrt: Wie Anstieg.

Mutterberger Alm
P
A
B
C

54 Zischgeles 3005 m

Stubaier Alpen

Charakteristik: Beliebte Hochwinter- und Frühjahrstour über weite, hindernislose und zum Teil steile Nord- und Nordosthänge, die besonders in der oberen Hälfte wegen Lawinengefahr nicht zu unterschätzen sind. Letztes Gipfelstück zu Fuß. Ein Lift verkürzt den Anstieg um 1 Stunde.

Günstige Jahreszeit/Schwierigkeit: Februar bis Mai / [2]

Anstiegshöhe und -dauer: 1300 Hm, 3½ Stunden.

Ausgangs- und Stützpunkt: Praxmar im Lisenstal (1692 m). Kein Stützpunkt auf der Tour.

Anreise: Inntalautobahn bis Zirl-Ost, dann ins Sellraintal bis Gries, hier links ins Lisenstal und nach Praxmar.

Karten: AV, 31/2, »Stubaier Alpen – Sellrain«, mit Skirouten, 1: 25000. f&b, 241, »Innsbruck, Stubai-Sellrain, Brenner«, 1: 50000

Hinweise: Schneeketten bereithalten. Im Frühjahr Harscheisen mitnehmen.

Anstieg: Vom Parkplatz in Praxmar nach links (Süden) über einen Graben zur Talstation des Lifts. Rechts von ihm zur Schefhütte Ⓐ (1896 m, ½ Std. ab P.) und in gleicher Richtung (Südwesten) über gestufte Rükken bis etwa 2400 m ins Kamplloch Ⓑ (1¾ Std. ab Praxmar), in dem sich halblinks eine etwa 500 m hohe, weit ausladende Flanke aufstellt. Über diese, kleine Absätze nutzend, auf den Ostgrat Ⓒ des Zischgeles und über diesen soweit wie möglich unter den Gipfel, den man zuletzt zu Fuß besteigt (3005 m, 3½ Std. ab P.). Der Anstieg verkürzt sich bei Liftbenützung um etwa 370 Hm. Dabei fährt man von der Bergstation Ⓓ mit einem unbedeutenden Höhenverlust nach rechts in eine Mulde Ⓔ ab und fädelt in die übliche Anstiegsspur ein.

Abfahrt: Wie Anstieg. Man kann auch vom Skidepot geradewegs nach Norden in das Sattelloch schwingen (überwiegend flacher, eine Steilstufe etwa zwischen 2300 und 2200 m), ehe diese Abfahrtsroute in die Route 1 einmündet.

Zischgeles
zum Satteljoch
B
Abfahrt übe
Sattelloch
C
E
Skilift
D
A

55 Lisenser Fernerkogel 3299 m
Lisenser Spitze 3230 m

Stubaier Alpen

Charakteristik: Physisch anspruchsvolle Frühjahrstouren mit überwiegend nordseitiger Abfahrt über freie Steilhänge, die sichere Verhältnisse voraussetzen. Der Lisenser Fernerkogel ist der bekanntere und anspruchsvollere Gipfel, die Lisenser Spitze ist weniger überlaufen, doch ein sehr lohnendes Skiziel. Die Route auf beide Gipfel verläuft weitgehend gleich.

Günstige Jahreszeit/Schwierigkeit: April mit Mai / Lisenser Fernerkogel [2–3], Lisenser Spitze [2]

Anstiegshöhe und -dauer: Lisenser Fernerkogel fast 1700 Hm, gut 4½ Stunden. Lisenser Spitze 1600 Hm, knapp 4½ Stunden.

Ausgangs- und Stützpunkt: Gasthaus »Lisens« (1636 m). Kein Stützpunkt auf der Tour.

Anreise: Inntalautobahn bis Ausfahrt Zirl-Ost, dann ins Sellraintal bis Gries, hier links abbiegen und bis Lisens (Gasthaus, großer Parkplatz).

Karten: AV, 31/2, »Stubaier Alpen – Sellrain«, mit Skirouten, 1:25000. ÖK, 147, »Axams«, 1:50000. f&b, 241, »Innsbruck, Stubai-Sellrain, Brenner«, 1:50000

Hinweise: Ketten bereithalten. Harscheisen mitnehmen.

Lisenser Fernerkogel

Anstieg: Von Lisens 2 km ohne wesentliche Steigung taleinwärts bis zum Talkessel unter dem Lisenser Fernerkogel (Fernerboden, ½ Std., 100 Hm). Dann halblinks auf den riesigen Steilhang östlich des Fernerkogels zu, der einem schon bei der Anfahrt nach Lisens und während des ganzen Talweges ins Auge sticht. Die erste und zugleich steilste Stufe des Hanges überwindet man durch die linke Ⓐ (östliche) Rinne, aus der man schließlich nach rechts heraustritt und bei gut 2000 m Ⓑ einen Absatz gewinnt, über dem sich herrliche, freie und weite Hänge ausbreiten. Direkt über diese leicht konkaven und auch gestuften Hänge oder auch etwas rechts davon in südlicher Richtung bis zum Lisenser Ferner hinauf, dessen steile Zunge man ziemlich weit rechts (westlich) überwindet, ehe man bei etwa 2900 m Ⓒ (2½ Std. vom Beginn des Steilhanges und etwa 3½ Std. ab Lisens) den ziemlich flachen Gletscherboden betritt und südlich der Plattigen Wanc nach rechts schwenkt. Gut 100 Hm mäßig steil ansteigend, kann man bei 3000 m an einem leichten Knick der Wand diese überwinden, indem man sich

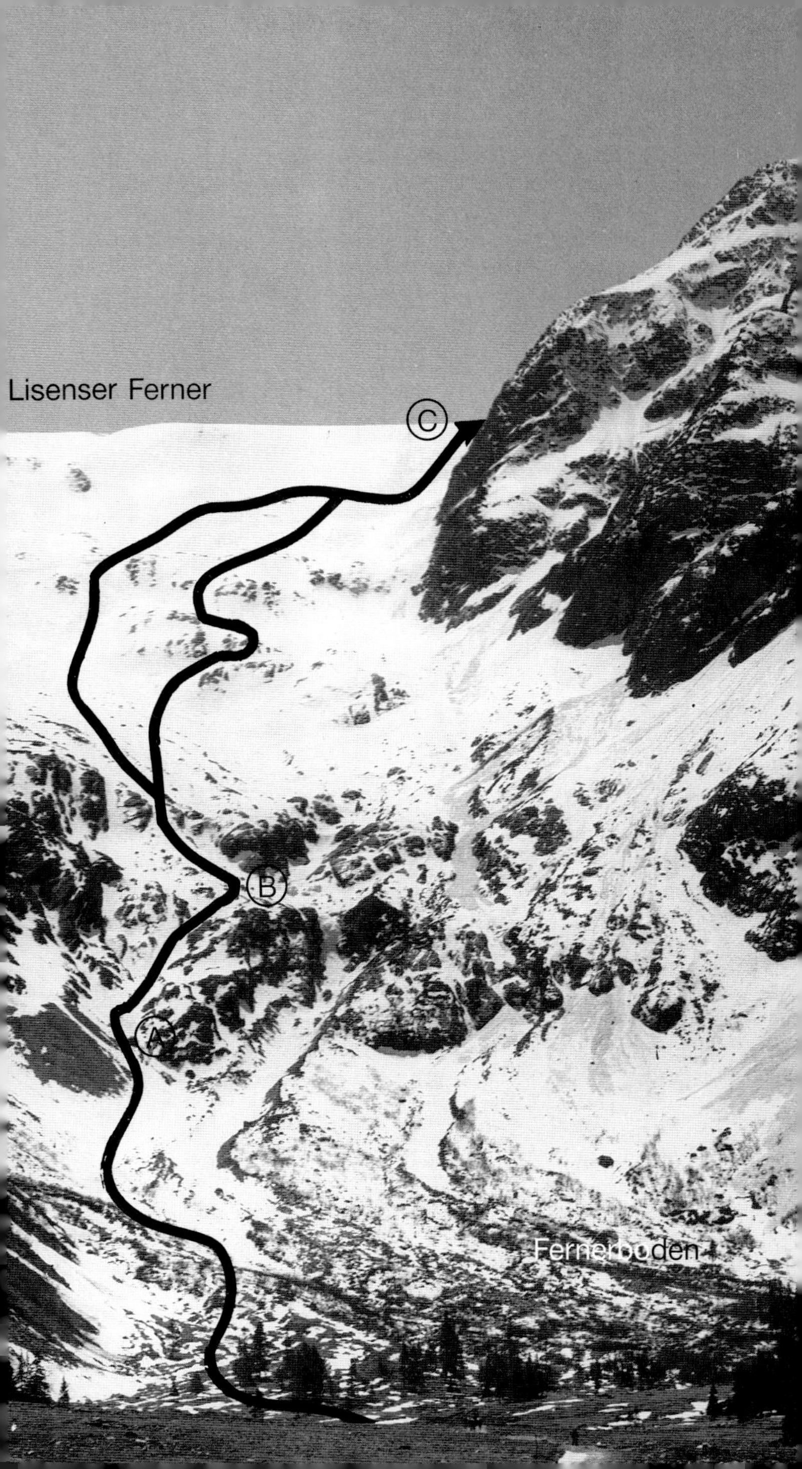
Lisenser Ferner
C
B
A
Fernerboden

scharf nach rechts wendet und etwa 50 Hm emporsteigt (evtl. Ski tragen), ein kleines Schartl erreicht und den Grat überschreitet Ⓓ. Man zieht über den Rotgratferner links aufwärts bis zu einer Scharte Ⓔ links (südwestlich) des kreuzgeschmückten Lisenser Fernerkogels. Die letzten 100 Hm zum Gipfel überwindet man zu Fuß in anregender, leichter Kletterei über den blockigen Südwestgrat (3299 m, gut 4½ Std. ab P.).

Abfahrt: Wie Anstieg.

Lisenser Spitze

Anstieg: Statt oder zusammen mit dem Lisenser Fernerkogel wird häufig die Lisenser Spitze (3230 m) bestiegen. Der Anstieg zu ihr ist bis zur Abzweigung an der Plattigen Wand bei 3000 m gleich. Dann strebt man in einem Links-Bogen auf den im Westen stehenden Gipfel zu. Man steigt zunächst ziemlich flach, später über einen schönen Hang auf eine Firnschulter links des Gipfels. Hier schwenkt man nach rechts und gewinnt links der Felsen zuletzt zu Fuß von Süden her den lohenden Gipfel (3230 m, etwa 20 Minuten kürzer als zum Lisenser Fernerkogel), ¾ Stunde von der Abzweigung auf 3000 m.

Abfahrt: Wie Anstieg.

Ein Sonnenplatz für eine Hütte
(Licht im Dunkeln)

56 Längentaler Weißer Kogel 3218 m

Stubaier Alpen

Charakteristik: Physisch anspruchsvolle und beliebte Frühjahrstour in die Gletscherregion, die stabile Schneeverhältnisse und einen frühen Aufbruch voraussetzt mit ost- und nordseitiger Abfahrt.

Günstige Jahreszeit/Schwierigkeit: März bis Mitte Mai / [2]

Anstiegshöhe und -dauer: 1600 Hm, gut 4½ Std.

Ausgangs- und Stützpunkt: Lisens (1636 m). Westfalenhaus (2273 m, von Mitte Februar bis Anfang Mai bewirtschaftet).

Anreise: Wie Tour 55.

Karten: AV, 31/1, »Stubaier Alpen - Hochstubai«, mit Skirouten, 31/2, »Stubaier Alpen - Sellrain«, mit Skirouten, je 1:25000

Hinweise: Ketten bereithalten. Bei Nächtigung im Westfalenhaus verkürzt sich die Tour um 2 Stunden. Wegen extremer Lawinengefahr darf der Anstieg dorthin in keinem Fall am Sommerweg durchgeführt werden!

Anstieg: Von Lisens wie bei Tour 55 in ½ Std. zum »Fernerboden«. Nun nach rechts und hinter einem Hütterl zwischen dem Bach und dem Lisenser Fernerkogel über eine lichtbewaldete Steilstufe (Zirben) zu einem Absatz bei knapp 2000 m (Längentalalm, ¾ Std. ab »Fernerboden«). Im Längental zunächst ziemlich flach aufwärts. (Dort, wo es von Westen nach Süden biegt, steigt man rechts zum Westfalenhaus an.) Der Anstieg zum »Längentaler« führt im Talboden um den Lisenser Fernerkogel herum und in südlicher Richtung weiter. Auf etwa 2300 m (A) kann man rechts zum Seeblaskogel abzweigen. Zum Längentaler Weißen Kogel folgt man dem Tal mit zunehmender Steigung über einige Geländestufen. Etwa auf 2700 m schwenkt man nach rechts, geht am unteren Gletscherbruch (B) rechts vorbei, am oberen Bruch (C) links und nach der großen Querspalte unter dem Längentaljoch (D) scharf nach rechts über schöne, muldenartige Hänge hinauf. Über einen steilen Osthang nahe dem Bachfallenkopf erreicht man das Skidepot am Längentaler Weißen Kogel und in wenigen Minuten zu Fuß den Gipfel (3218 m, gut 4½ Std. ab Lisens).

Abfahrt: Wie Anstieg.

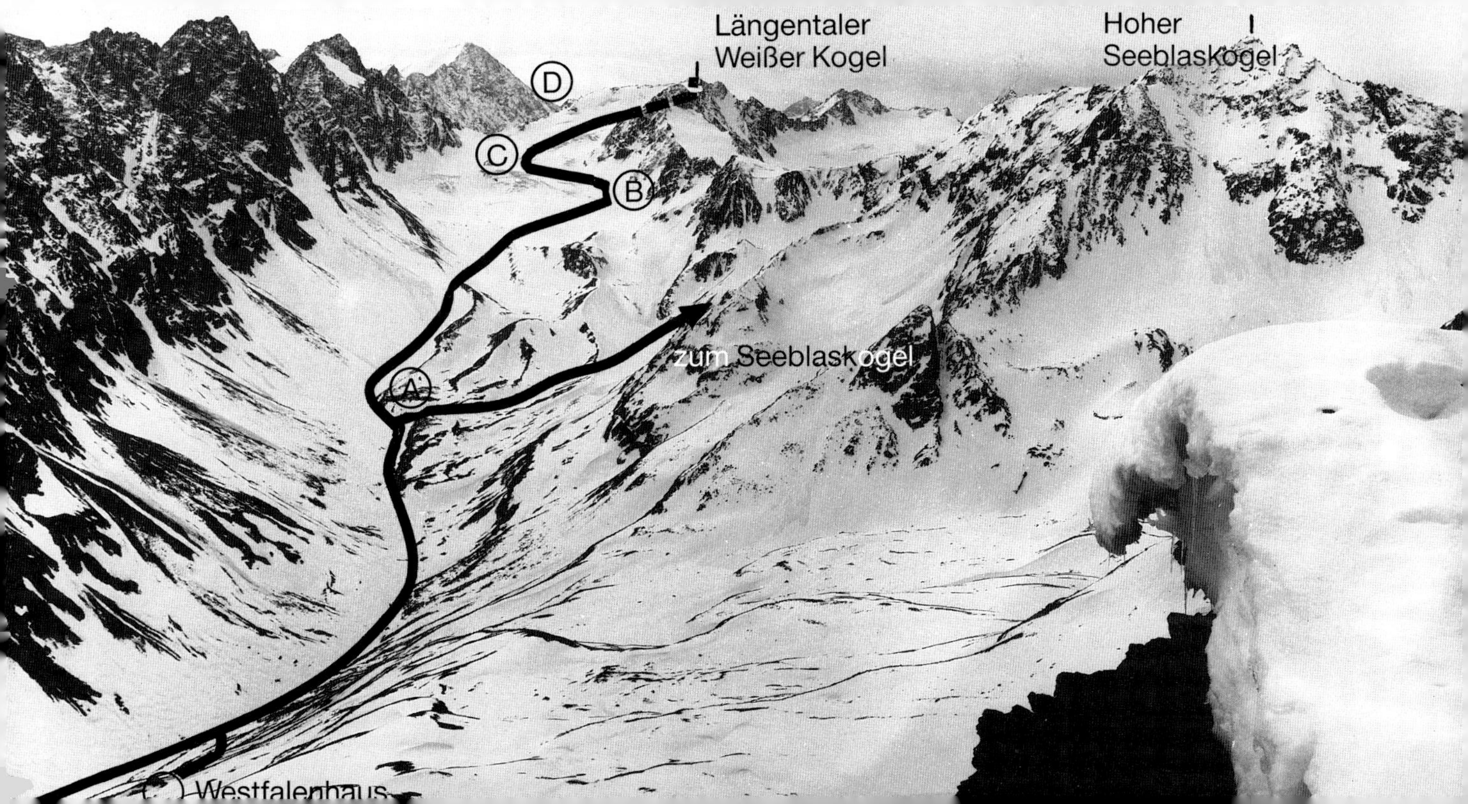
Längentaler
Weißer Kogel
Hoher
Seeblaskogel
D
C
B
A
zum Seeblaskogel
Westfalenhaus

57 Zwieselbacher Roßkogel

Nordgipfel 3060 m
Südgipfel 3082 m

Stubaier Alpen

Charakteristik: Eine vielbegangene, konditionell anspruchsvolle Hochtour für den ganzen Winter, besonders aber für das Frühjahr, die man nach größeren Schneefällen wegen Lawinengefahr meiden sollte. Abfahrt über reichgegliedertes, meist nordseitiges Gelände.

Günstige Jahreszeit/Schwierigkeit: Januar bis Anfang Mai / [2]

Anstiegshöhe und -dauer: 1450 Hm, 4½ Stunden bis zum Südgipfel.

Ausgangs- und Stützpunkt: Haggen im Sellraintal (1650 m). Kein Stützpunkt auf der Tour. Wirtshaus am Ausgangspunkt.

Anreise: Inntalautobahn bis Ausfahrt Zirl-Ost, dann über Sellrain, Gries und St. Sigmund nach Haggen.

Karten: AV, 31/2, »Stubaier Alpen – Sellrain«, mit Skirouten, 1: 25000. f&b, 241, »Innsbruck, Stubai, Sellrain, Brenner«, 1: 50000

Anstieg: Von der Kapelle und dem Wirtshaus in Haggen südwärts über ein Brückerl und über den zunächst flachen Talboden, dann durch einen lichten Lärchenwaldstreifen ins Kraspestal und weiter zur Unteren Zwing Ⓐ, einer ca. 60 m hohen, engen Steilstufe mit Bach (ca. 1 Std. ab P.). Man überwindet sie im obersten Stück häufig zu Fuß und tritt dahinter (gut 2000 m) in einen großen, ziemlich flachen Talkessel, an dessen Eingang ein Hütterl steht. Am Ende des Kessels Ⓑ im Rechts-Bogen auf einen Absatz Ⓒ (ca. 2200 m), danach scharf links und in einem kleinen Hochtal ca. 200 Hm empor, bis rechts die enge, kurze Steilrinne der Oberen Zwing Ⓓ den Durchschlupf zu einer großen Terrasse ermöglicht (2480 m, 2½ Std. ab P.). Nun rechts von Felswänden in meist mäßiger Steigung über langgezogene Mulden und Rampen zum schönen Hang des Kraspesferner, den man entgegen dem Uhrzeigersinn überwindet und darüber einen weiten Sattel Ⓔ (gut 2900 m) erreicht, an dem der Südgipfel (Kreuz) des Zwieselbacher Roßkogel sichtbar wird. Von dort nach rechts, dabei südlich um einen Felskopf herum und auf den Nordgipfel des Zwieselbacher Roßkogel (Steinmann, 3060 m, gut 4 Std. ab P.). Über den Kamm weiter und in ¼ Stunde zum Südgipfel (3082 m, 4½ Std. ab P.). Hierher auch direkt durch eine Mulde oberhalb des großen Sattels Ⓔ.

Abfahrt: Wie Anstieg.

E
NG
Zwieselbacher
Roßkogel
D
C
B
A

58 Rietzer Grieskogel 2884 m

Stubaier Alpen

Charakteristik: Sehr beliebte Frühjahrstour auf einen prächtigen Aussichtsberg mit zum Teil steilen, völlig hindernislosen Süd- und Südwesthängen, die sichere Verhältnisse erfordern. Der Gipfel selbst wird über den felsigen Westgrat zu Fuß bestiegen.

Günstige Jahreszeit/Schwierigkeit: März bis Mai / [1–2]

Anstiegshöhe und -dauer: Rund 1000 Hm, gut 2½ Stunden.

Ausgangs- und Stützpunkt: An der Straße von Haggen nach Kühtai (Parkmöglichkeit), etwa auf Höhe 1900 m, oberhalb eines Werkzeugschuppens. Kein Stützpunkt auf der Tour.

Anreise: Inntalautobahn bis Zirl-Ost, dann ins Sellraintal über Gries nach Haggen. Etwa 3 km hinter Haggen und 1 km oberhalb des Gasthauses »Zirmbachalm« Parkmöglichkeit.

Karten: AV, 31/2, »Stubaier Alpen – Sellrain«, mit Skirouten, 1:25000. f&b, 241, »Innsbruck, Stubai, Sellrain, Brenner«, 1:50000

Hinweise: Schneeketten bereithalten. Harscheisen mitnehmen.

Anstieg: Etwa von der Brücke Ⓐ über den Klammbach vor einer Lawinengalerie steil rechts hinauf und entlang des Klammbaches etwa 250 Hm weiter, bis sich die rechtsseitigen Hänge oberhalb des »Steinhüttl« etwas zurücklegen. Hier wendet man sich nach rechts (Osten) und steigt über zwei Geländestufen und die dazwischenliegenden Zirmbacher Narrenböden Ⓑ bis unter den felsigen Gipfelaufbau des Rietzer Grieskogel an. Man schwenkt nach links (Norden) und erreicht über eine Rampe oberhalb der »Bachwandlen» eine Scharte im Grieskogel-Westgrat Ⓒ (Skidepot, knapp 2½ Std. ab P.). Zu Fuß gelangt man nun über den Grat in ¼ Stunde in leichter Kletterei zum Gipfel (2884 m, gut 2½ Std. ab P.).

Abfahrt: Wie Anstieg.

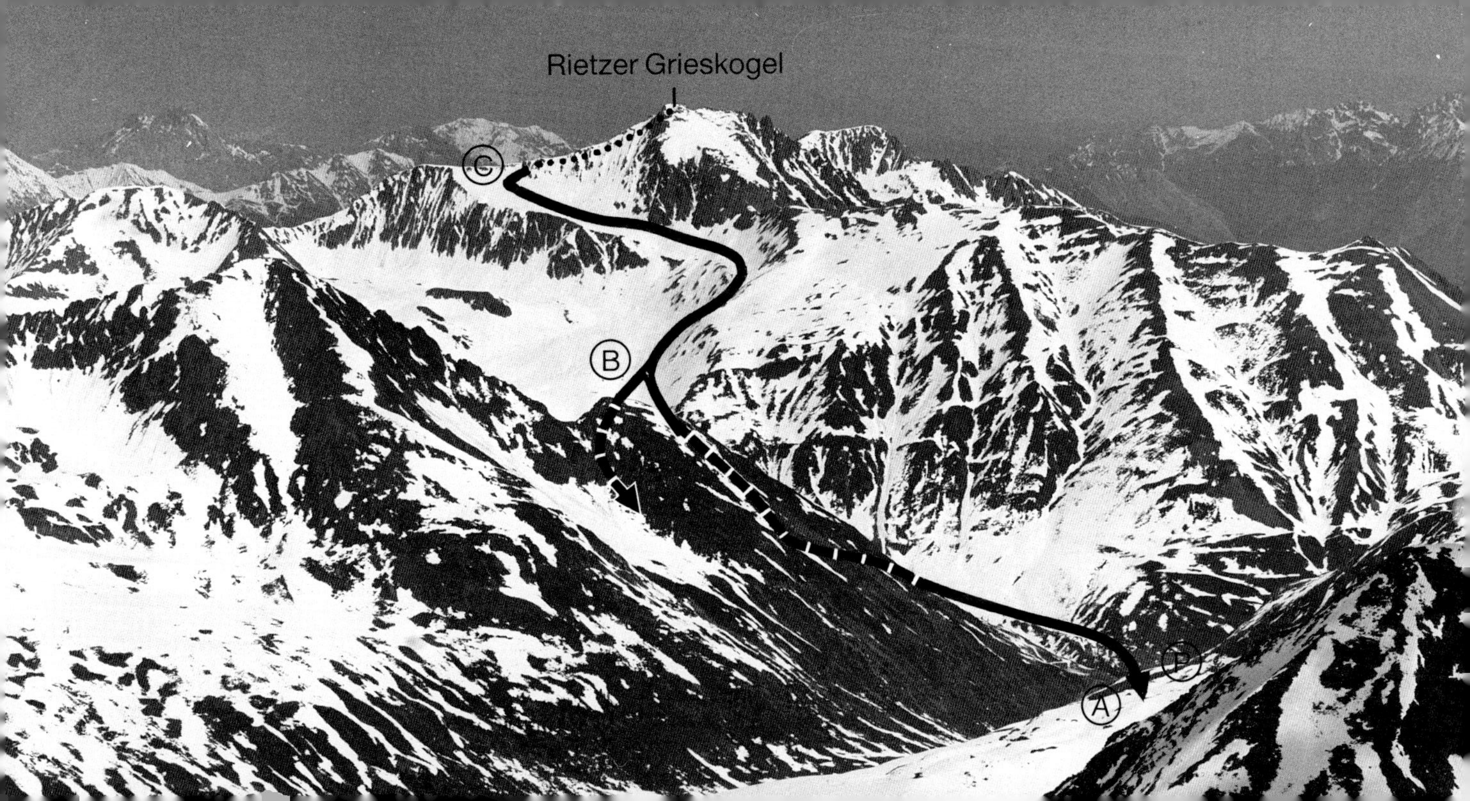
Rietzer Grieskogel
C
B
P
A

59 Hochreichkopf 3008 m

Stubaier Alpen

Charakteristik: Etwas versteckte, lange Skihochtour für das Frühjahr mit überwiegend ostseitiger Abfahrt und einem längeren Gleitstück im Tal. Die Steilstufe zur Hochreichscharte erfordert sichere Verhältnisse, ansonsten hält sich die Lawinengefahr in Grenzen.

Günstige Jahreszeit/Schwierigkeit: März bis Anfang Mai / [2]

Anstiegshöhe und -dauer: Gut 1450 Hm, 4½ Std.

Ausgangs- und Stützpunkt: Niederthai, 1535 m. Die Guben-Schweinfurter Hütte (2034 m) liegt nur ½ Std. abseits des Wegs und ist 4 Wochen vor bis 1 Woche nach Ostern geöffnet. Bei Nächtigung auf dieser Hütte verkürzen sich Tour 59 und 60 um je 1½ Stunden.

Anreise: Inntalautobahn bis Ausfahrt Ötztal, im Ötztal bis Umhausen, dort Abzweigung nach Niederthai.

Karten: AV, 31/2, »Stubaier Alpen – Sellrain« mit Skirouten, 1:25000. ÖK, 146, »Ötz«, 1:50000

Hinweise: Schneeketten bereithalten. Harscheisen mitnehmen. Früher Aufbruch empfehlenswert.

Anstieg: Von Niederthai zuerst links, nach etwa 1 km rechts des Baches durch das Horlachtal in knapp 1½ Std. über die Larstighöfe zum großen Kessel mit der Horlachalm (1900 m). Rechts oben ist die Guben-Schweinfurter-Hütte (S.H.) zu sehen. Hier links abbiegen und links des Finstertal-Baches über eine ca. 250 m hohe Geländestufe zur Finstertalalm (2142 m, gut 2 Std. ab Niederthai), die am Eingang in ein Hochtal liegt. Kurz dahinter zweigt die Route zur Hohen Wasserfalle links ab. Zum Hochreichkopf, der das Hochtal im Hintergrund abschließt, geht man bis zum Ende das flachen Kessels und folgt dem Tal halbrechts auf einen Boden (C) (ca. 2350 m). Dort schwenkt man nach links und steigt in dem anschließenden Kleinen Horlacher Steinkar (D) oder auf dessen rechter Begrenzungsrippe ca. 400 Hm auf einen weiteren Boden an, der den unbedeutenden Steinkarferner (E) birgt. Sehr steil zieht der letzte Aufschwung schließlich zur Hochreichscharte (F) (2912 m, Skidepot), von der man zu Fuß nach rechts über eine Blockflanke in ¼ Std. den Gipfel erreicht (3008 m, ca. 5 Std. ab P.).

Abfahrt: Wie Anstieg.

60 Hohe Wasserfalle 3002 m

Stubaier Alpen

Charakteristik: Versteckte, lange und im Gipfelbereich recht rassige Skihochtour bei absolut sicheren Firnverhältnissen mit überwiegend ostseitiger Abfahrt und einem längeren Tal-Gleitstück.

Günstige Jahreszeit/Schwierigkeit: April bis Anfang Mai / [2-3]

Anstiegshöhe und -dauer: Gut 1450 Hm, 4½ Std.

Ausgangs- und Stützpunkt: Siehe Tour 59.

Anreise: Siehe Tour 59.

Karten: Siehe Tour 59.

Hinweise: Siehe Tour 59.

Anstieg: Von Niederthai in 2 Stunden zur Finstertalalm (2142 m) wie bei Tour 59. Kurz hinter der Alm zweigt man links ab und erreicht über weite Hänge das Wannenkar Ⓖ, das sich nach rechts (westwärts) hinaufzieht und in dem höhergelegenen, etwas versteckten Langen Wannenkar Ⓗ (ca. 2600 m) fortsetzt. In diesem kesselartigen Hochtal zuletzt sehr steil bis zu den Felsen empor – absolut sichere Verhältnisse erforderlich! – und zu Fuß durch eine Steilrinne auf den Ostgrat hinaus und über diesen zum Gipfel (3002 m, 4½ Std. ab P.).

Abfahrt: Wie Anstieg.

G
A
S.H.

Hohe Wasserfalle
Hochreichkopf
F
E
H
D
C
B

Steilabfahrt in den Tuxer Alpen (Tour 34)

SPORT

Der Tourenskilauf als sportliche Betätigung vollzieht sich nicht auf einer präparierten Piste oder in einer Wettkampfstätte, sondern in einer Naturarena mit all ihren Risiken, welche die richtige Einschätzung der Situation und des eigenen Könnens sowie überlegtes Handeln voraussetzt.

Weitere BLV Bücher – für Sie ausgewählt

BLV Spezialführer
Peter Keill
Skihochrouten in den Alpen
Idealer Führer im Taschenformat mit 15 Skihochrouten verschiedenster Schwierigkeitsgrade, Variationsmöglichkeiten und Gipfelaufstiege ohne Ski.
208 Seiten, 83 Fotos, 86 Tourenskizzen

Alfred Siegert
Alpin-Lehrplan 4: Skibergsteigen
Theoretische und praktische Kenntnisse, Sicherheit, Ausrüstung, Bekleidung, alpine Taktik.
2. Auflage, 95 Seiten, 59 Fotos, 91 Zeichnungen

blv sportpraxis 205
Jürgen Kemmler
richtig skifahren 1
Vom Anfänger zum Pistenfahrer: Ausrüstung, Skipflege, Fitness-Training, Theorie, Grundbegriffe der Technik, Skipraxis-Grundschule.
4. Auflage, 127 Seiten, 89 Farbfotos, 23 s/w-Fotos, 68 Zeichnungen

blv sportpraxis 224
Jürgen Kemmler
richtig skifahren 2
Von der Piste zum Tiefschneefahren: Ausrüstung, Skipflege, Konditionstraining, Technik, Skipraxis (Schwungformen, Gelände), Lawinenkunde, Pistenregeln.
2. Auflage, 127 Seiten, 79 Farbfotos, 77 s/w-Fotos, 103 Zeichnungen

Skilehrplan 4: Skilanglauf
Technik · Methodik · Praxis
Lauf- und Fahrtechnik, Bewegungslehre und Biomechanik, Didaktik und Methodik, Trainingslehre, Schnee- und Wachskunde, Loipenregeln.
4. Auflage (Neuausgabe), 119 Seiten, 75 Farbfotos, 4 s/w-Fotos, 23 farbige Bildserien, 56 Zeichnungen

Skilehrplan 5: Skilanglauf
Training · Ausrüstung · Mechanik
Theoretische Grundlagen für den Skilanglauf als Freizeit- und Leistungssport: Konditions- und Techniktraining, Ausrüstung, Mechanik.
107 Seiten, 4 Fotos, 78 Zeichnungen

blv sportpraxis 206
Franz Wöllzenmüller
richtig skilanglaufen 1
Für Anfänger, Skiwanderer und Könner: Ausrüstung, Skipflege, Langlauf-Technik, Skiwandern, Nordischer Tourenskilauf.
5. Auflage, 127 Seiten, 66 Farbfotos, 60 s/w-Fotos, 2 farbige Bildserien, 23 farbige Zeichnungen

blv sportpraxis 230
Franz Wöllzenmüller
richtig skilanglaufen 2
Klassische Technik für sportliche Läufer: Ausrüstung, Wachsen, Technik, Training, Trainingsprogramm.
2. Auflage, 127 Seiten, 66 Farbfotos, 25 s/w-Fotos, 4 farbige und 1 s/w-Bildserien, 49 Zeichnungen

In unserem Verlagsprogramm finden Sie Bücher zu folgenden Sachgebieten:
Garten und Zimmerpflanzen · Natur · Haus- und Heimtiere · Angeln, Jagd, Waffen · Sport und Fitness · Pferde und Reiten · Wandern und Alpinismus · Auto und Motorrad · Essen und Trinken, Gesundheit · Basteln, Handarbeiten, Werken.
Wünschen Sie Informationen, so schreiben Sie bitte an:
BLV Verlagsgesellschaft mbH, Postfach 400320, 8000 München 40.

BLV Verlagsgesellschaft München

NATUR Winterzauber im Rofan (Tour 9)

Tourengehen ist aber mehr als sportliche Betätigung. Wer dabei die Begegnung mit der Natur sucht, wird doppelt beschenkt. Das Tourengehen verlangt einen Menschen, der die Natur und das oft Unscheinbare am Wegrand im rechten Licht sieht, es bejaht und verantwortungsbewußt damit umgeht, damit es nicht auf der Strecke bleibt.